AF797273

É UMA GRANDE COISA SERVIR AO SENHOR

Por que você deve se tornar um servo de Deus

Dag Heward-Mills

Parchment House

É UMA GRANDE COISA SERVIR AO SENHOR
Por que você deve se tornar um servo de Deus
As citações bíblicas são, salvo indicação em contrário, da Bíblia Almeida Corrigida e Revisada, Fiel, Sociedade Bíblica do Brasil.

Título original: *It Is A Great Thing To Serve The Lord – Why You Must Become A Servant of God*
© 2017 Dag Heward-Mills
Publicado originalmente por Parchment House 2017.
P.O. Box DC 1034 Dansoman, Acra, Gana.

1.ª edição em português Parchment House 2017
Copyright © 2017 Dag Heward-Mills
1.ª impressão 2017

ISBN: 978-1-68398-353-8

Tradução: Editora Parchment House
Revisão: João Guimarães
Revisão das provas: Edna Guimarães
Diagramação: Claudia Fatel Lino
Impressão: Imprensa da Fé

Conheça mais sobre Dag Heward-Mills:
A Campanha "O Jesus Que Cura"
Escreva para: *evangelista@daghewardmills.org.br*
Website: www.daghewardmills.org
Facebook: bispodag
Twitter: @bispodag

Todos os direitos reservados pela lei internacional de direitos autorais. Consentimento prévio deverá ser concedido pelo editor para uso ou reprodução de qualquer parte deste livro, exceto citações breves em resenhas, críticas ou artigos.

Sumário

CAPÍTULO 1

Quem é um servo de Deus?

Você não precisa ser pastor ou missionário para ser servo de Deus. Todos sabemos que sacerdotes, profetas, evangelistas e pastores são servos do Senhor. Sabemos que essas pessoas têm o privilégio de serem chamadas servos do Deus Altíssimo. Que bênção elas têm por servir ao seu Criador! No entanto, a boa notícia é que outras pessoas que não são ministros do evangelho de Jesus Cristo também podem ser servos de Deus.

Na verdade, a Bíblia está cheia de histórias de pessoas que não eram pastores, mas eram servos do Senhor. Deus os chamou Seus servos e assim eram. Alguns desses homens eram reis, políticos, empresários, milionários, agricultores e até mesmo gentios.

O fato que pessoas, além de sacerdotes e evangelistas, são chamadas servos de Deus tem grandes implicações para todos. Isso significa que você pode ser um servo de Deus! Um banqueiro, um advogado, um médico, um político, um farmacêutico e um fiscal podem ser servos de Deus.

Você não precisa estar no ministério em tempo integral para ser servo de Deus. Você pode trabalhar em qualquer área secular e ainda ser um servo de Deus. É importante prestar atenção a todas as pessoas que Deus chamou de Seus “servos”.

Um servo é alguém que cumpre os desejos de outro. Um servo é alguém que serve os interesses de outro. De agora em diante, você deve se considerar um potencial servo de Deus. Um estudante pode ser um servo de Deus! Um homem de negócios pode ser um servo de Deus!

Um professor pode ser um servo de Deus! Você pode realizar os desejos do Deus Todo-Poderoso, não importa a sua profissão. O maior trabalho que você poderia fazer é ser servo de Deus.

Não é surpresa que sacerdotes, levitas e profetas são chamados servos de Deus. Abraão, Isaque e Jacó não eram pastores, mas Deus se referiu a eles como Seus servos. Eu sei que você gostaria de pensar em Abraão como pastor. Mas Abraão não era pastor. Ele era simplesmente um servo de Deus. Eu também sei que você consideraria Moisés como um pastor. No entanto, Moisés era o chefe de Estado de Israel. Deus se referiu ao rei Davi como Seu servo. Tanto Moisés como Davi eram chefes de Estado de Israel e foram predecessores de pessoas como David Ben Gurion, Shimon Peres, Yitzhak Rabin, Ehud Barak, Ariel Sharon e Benjamin Netanyahu. Um chefe de Estado não é um pastor. Um chefe de Estado pode ser um servo de Deus. Tanto Moisés como Davi foram maravilhosos servos de Deus. Certifique-se de que em qualquer posição que você ocupe você se torna um servo de Deus.

Jó era o maior empresário do Oriente. Como Jó era do Oriente, provavelmente era chinês, coreano ou japonês. Jó era muito rico e mesmo assim era chamado servo de Deus. Deus até se gabou ao diabo sobre o Seu servo Jó. Do ponto de vista do céu, Jó era um servo de Deus. Hoje, os empresários ricos mal servem ao Senhor. Se você é um homem de negócios, você pode ser como Jó e ser um servo de Deus. Este livro está sendo escrito para que você possa se tornar um servo de Deus. Ele quer que você seja Seu servo. Eu aconselharei você a se tornar servo de Deus. Há muitas vantagens em ser servo de Deus. E é deste assunto que trata este livro! Decida se tornar um servo de Deus. Decida que você será chamado de um dos servos de Deus. Deixe que o céu o considere e o respeite como servo de Deus. Vejamos a incrível lista de pessoas que foram chamadas servos de Deus na Bíblia.

1. Os sacerdotes e levitas eram servos de Deus.

> E eis que aí tens as turmas dos sacerdotes e dos Levitas PARA TODO O MINISTÉRIO DA CASA DE DEUS; ESTÃO TAMBÉM CONTIGO, para toda a obra, voluntários com sabedoria de toda a espécie para todo o ministério; como também todos os príncipes, e todo o povo, para todos os teus mandados.
>
> 1Crônicas 28.21

2. Os profetas eram servos de Deus.

> E ferirás a casa de Acabe, teu senhor, para que eu vingue o sangue DE MEUS SERVOS, OS PROFETAS, e o sangue de todos os servos do SENHOR, da mão de Jezabel.
>
> 2Reis 9.7

> Contudo as minhas palavras e os meus estatutos, que eu ordenei AOS PROFETAS, MEUS SERVOS, não alcançaram a vossos pais? E eles voltaram, e disseram: Assim como o Senhor dos Exércitos fez tenção de nos tratar, segundo os nossos caminhos, e segundo as nossas obras, assim ele nos tratou.
>
> Zacarias 1.6

3. Abraão, Isaque e Jacó, os grandes homens de negócios, eram todos servos de Deus.

> Lembra-te de ABRAÃO, DE ISAQUE, E DE ISRAEL, OS TEUS SERVOS, aos quais por ti mesmo tens jurado, e lhes disseste: Multiplicarei a vossa descendência como as estrelas dos céus, e darei à vossa descendência toda esta

terra, de que tenho falado, para que a possuam por herança eternamente.

Êxodo 32.13

4. Jacó, o multimilionário, era um servo de Deus.

Porém tu, ó ISRAEL, SERVO MEU, TU JACÓ, A QUEM ELEGI descendência de Abraão, meu amigo;

Tu a quem tomei desde os fins da terra, e te chamei dentre os seus mais excelentes, e te disse: Tu és o meu servo, a ti escolhi e nunca te rejeitei.

Isaías 41.8,9

5. Moisés, o chefe de Estado, era um servo de Deus.

Tão-somente esforça-te e tem mui bom ânimo, para teres o cuidado de fazer conforme a toda a lei que MEU SERVO MOISÉS te ordenou; dela não te desvies, nem para a direita nem para a esquerda, para que prudentemente te conduzas por onde quer que andares.

Josué 1.7

6. Davi, o rei, era servo de Deus.

E sucedeu que, estando O REI Davi em sua casa, e tendo o SENHOR lhe dado descanso de todos os seus inimigos em redor, Disse o rei ao profeta Natã: Eis que eu moro em casa de cedro, e a arca de Deus mora dentro de cortinas. E disse Natã ao rei: Vai, e faze tudo quanto está no teu coração; porque o Senhor é contigo. Porém sucedeu naquela mesma noite, que a palavra do Senhor veio a Natã, dizendo: VAI, E DIZE A MEU SERVO DAVI: Assim diz o SENHOR: Edificar-me-ás tu uma casa para minha habitação?

2Samuel 7.1-5

Agora, pois, Ó SENHOR DEUS DE ISRAEL, GUARDA A TEU SERVO DAVI, meu pai, o que lhe falaste, dizendo: Não te faltará sucessor diante de mim, que se assente no trono de Israel; somente que teus filhos guardem o seu caminho, para andarem diante de mim como tu andaste diante de mim.

Agora também, ó Deus de Israel, cumpra-se a tua palavra que disseste a teu servo Davi, meu pai.

1Reis 8.25,26

7. **Zorobabel, governador secular de Judá e líder dos exilados, foi servo de Deus.**

Naquele dia, diz o Senhor dos Exércitos, tomar-te-ei, Ó ZOROBABEL, SERVO MEU, filho de Sealtiel, diz o Senhor, e far-te-ei como um anel de selar; porque te escolhi, diz o Senhor dos Exércitos...

Ageu 2.23

8. **Uma nação inteira foi chamada de servos de Deus. Todos os israelitas foram nominados servos de Deus e Deus não queria que servissem a outro.**

Quando também teu irmão empobrecer, estando ele contigo, e vender-se a ti, não o farás servir como escravo. Como diarista, como peregrino estará contigo; até ao ano do jubileu te servirá; Então sairá do teu serviço, ele e seus filhos com ele, e tornará à sua família e à possessão de seus pais. PORQUE SÃO MEUS SERVOS, QUE TIREI DA TERRA DO EGITO; não serão vendidos como se vendem os escravos. Não te assenhorearás dele com rigor, mas do teu Deus terás temor.

Levítico 25.39-43

Como diarista, de ano em ano, estará com ele; não se assenhoreará sobre ele com rigor diante dos teus olhos. E, se desta sorte não se resgatar, sairá no ano do jubileu, ele e seus filhos com ele.

PORQUE OS FILHOS DE ISRAEL ME SÃO SERVOS; meus servos são eles, que tirei da terra do Egito. Eu sou o SENHOR vosso Deus.

Levítico 25.53-55

9. Jó, o maior empresário do Oriente, era servo de Deus.

Havia um homem na terra de Uz, cujo nome era Jó; e era este homem íntegro, reto e temente a Deus e desviava-se do mal. E nasceram-lhe sete filhos e três filhas. E o seu gado era de sete mil ovelhas, três mil camelos, quinhentas juntas de bois e quinhentas jumentas; eram também muitíssimos os servos a seu serviço, de maneira que este homem era maior do que todos os do oriente. E iam seus filhos à casa uns dos outros e faziam banquetes cada um por sua vez; e mandavam convidar as suas três irmãs a comerem e beberem com eles. Sucedia, pois, que, decorrido o turno de dias de seus banquetes, enviava Jó, e os santificava, e se levantava de madrugada, e oferecia holocaustos segundo o número de todos eles; porque dizia Jó: Porventura pecaram meus filhos, e amaldiçoaram a Deus no seu coração. Assim fazia Jó continuamente. E num dia em que os filhos de Deus vieram apresentar-se perante o Senhor, veio também Satanás entre eles. Então o Senhor disse a Satanás: Donde vens? E Satanás respondeu ao Senhor, e disse: De rodear a terra, e passear por ela. E DISSE O SENHOR A SATANÁS: OBSERVASTE TU A MEU SERVO JÓ? Porque ninguém há na terra semelhante a ele, homem íntegro e reto, temente a Deus, e que se desvia do mal.

Jó 1.1-8

10. Nabucodonosor, o rei babilônio, foi chamado servo de Deus.

Portanto assim diz o Senhor dos Exércitos: Visto que não escutastes as minhas palavras, Eis que eu enviarei, e tomarei a todas as famílias do norte, diz o SENHOR, como também a NABUCODONOSOR, REI DE BABILÔNIA, MEU SERVO, e os trarei sobre esta terra, e sobre os seus moradores, e sobre todas estas nações em redor, e os destruirei totalmente, e farei que sejam objeto de espanto, e de assobio, e de perpétuas desolações.

Jeremias 25.8,9

CAPÍTULO 2

É uma grande coisa servir ao Senhor: *Todas as coisas vos serão acrescentadas*

Por isso vos digo: Não andeis cuidadosos quanto à vossa vida, pelo que haveis de comer ou pelo que haveis de beber; nem quanto ao vosso corpo, pelo que haveis de vestir. Não é a vida mais do que o mantimento, e o corpo mais do que o vestuário?

Olhai para as aves do céu, que nem semeiam, nem segam, nem ajuntam em celeiros; e vosso Pai celestial as alimenta. Não tendes vós muito mais valor do que elas?

E qual de vós poderá, com todos os seus cuidados, acrescentar um côvado à sua estatura?

E, quanto ao vestuário, por que andais solícitos? Olhai para os lírios do campo, como eles crescem; não trabalham nem fiam;

E eu vos digo que nem mesmo Salomão, em toda a sua glória, se vestiu como qualquer deles.

Pois, se Deus assim veste a erva do campo, que hoje existe, e amanhã é lançada no forno, não vos vestirá muito mais a vós, homens de pouca fé?

Não andeis, pois, inquietos, dizendo: Que comeremos, ou que beberemos, ou com que nos vestiremos?

Porque todas estas coisas os gentios procuram. Decerto vosso Pai celestial bem sabe que necessitais de todas estas coisas;

Mas, buscai primeiro o reino de Deus, e a sua justiça, e todas estas coisas vos serão acrescentadas.

Mateus 6.25-33

1. BUSCAR O SENHOR EM PRIMEIRO LUGAR É A CHAVE MESTRE EM MATEUS 6.33. NA VERDADE, É A SUA CHAVE MESTRE PARA A PROSPERIDADE.

Ser um servo de alguém é buscar e servir os interesses da pessoa e não os seus próprios interesses. Buscar o reino de Deus e a justiça de Deus é o mesmo que servir a Deus. Você deve procurar se tornar um servo de Deus. Portanto, você deve buscar o reino de Deus e a Sua justiça. Como já aprendemos, é possível que alguém se torne um servo de Deus. É possível que qualquer pessoa em qualquer profissão seja um servo de Deus. É importante buscar esse *status* – o *status* de ser servo de Deus. Tornar-se um servo de Deus é muito mais importante do que se tornar um médico ou um advogado.

Servir a alguém é buscar cumprir os interesses da pessoa. Servir a Deus é buscar e cumprir os interesses de Deus. Buscar cumprir os interesses de Deus é buscar o Seu reino e a Sua justiça.

Servir a alguém é contribuir e promover a pessoa. Servir a Deus é contribuir para a obra de Deus e promover o reino de Deus na sua vida.

Servir a alguém é ser útil ou estar em posição de ajudá-lo. Servir a Deus é ser útil ou servir a Ele.

Servir a alguém é ser obediente aos seus desejos. Servir a Deus é ser obediente aos Seus desejos!

É importante procurar ser servo de Deus. A maioria das pessoas não sabe ou compreende por que buscar Deus primeiro é tão importante. Buscar Deus é a atividade mais lucrativa em que você pode se envolver. Buscar Deus é a única coisa que fará que todas as outras coisas sejam acrescentadas à sua vida. Todas as outras coisas pelas quais as pessoas estão morrendo simplesmente são acrescentadas à sua vida quando você busca o Senhor.

Mateus 6.33 é o segredo mestre para a sua prosperidade nesta vida! O segredo para todas as coisas que as pessoas estão procurando é buscar Deus em primeiro lugar. Ao buscar o Senhor, todas as outras coisas serão acrescentadas à sua vida.

Quando você realmente servir a Deus, comer, beber e vestir serão as coisas mais fáceis para você adquirir. Deus dá todas as coisas que os homens procuram para aqueles que buscam primeiro o Seu reino. O que você comerá, o que você beberá e o que você vestirá não serão mais algo em que pensar nesta vida. Isso é providenciado ao se buscar a Deus em primeiro lugar.

Mateus 6.33 é liberado quando focar a obra de Deus e não seu próprio trabalho. A chave para receber o salário de Deus é deixar que o seu foco esteja na obra de Deus e não em seu próprio trabalho. "Não ande ansioso pela sua vida"! Essa é uma instrução direta de Deus. Contudo, muitos cristãos simplesmente andam ansiosos pelas suas vidas.

Jesus disse, "Vinde a mim, todos os que estais cansados e oprimidos, e eu vos aliviarei. Tomai sobre vós o meu jugo, e aprendei de mim, que sou manso e humilde de coração; e encontrareis descanso para as vossas almas. Porque o meu jugo é suave e o meu fardo é leve" (Mateus 11.28-30).

Você tem que dar a Ele o seu jugo, o fardo da sua vida e o fardo do seu trabalho. Então, você tem que assumir o fardo e o trabalho dele. Esse é o segredo da prosperidade escondida em Mateus 6.33. Buscar o reino de Deus significa: "Não busque o seu próprio reino". Uma vez que você começou a procurar seu próprio reino, quebrou a lei de Mateus 6.33.

Por meio do segredo em Mateus 6.33, você terá uma casa para morar e um carro para dirigir. Quando você segue a chave de prosperidade escondida em Mateus 6.33, você nunca terá que andar ansioso pela sua vida. O que comer, beber e vestir será providenciado. Isso significa que você terá dinheiro para comprar comida, um lugar para cozinhar e um carro para ir e pegar suas roupas. Mateus 6.33 é um versículo muito amplo, com implicações abrangentes.

Confiar plenamente na promessa de Mateus 6.33 é se tornar como os lírios do campo, que eram mais prósperos do que

Salomão. Por meio do segredo de Mateus 6.33, sua prosperidade será comparada à prosperidade de Salomão. Deus pode vesti-lo melhor, alimentá-lo melhor e cuidar de você muito melhor do que você pode fazer por si mesmo.

2. BUSCAR O SENHOR EM PRIMEIRO LUGAR FOI A CHAVE MESTRE PARA O REI UZIAS. DE FATO, FOI SUA CHAVE MESTRE PARA A PROSPERIDADE.

Uzias (também chamado Azarias) é mencionado de uma maneira famosa pelo profeta Isaías quando ele disse: "No ano em que o rei Uzias morreu, eu vi o Senhor". Isaías foi chamado no mesmo ano em que o rei Uzias morreu. Uzias chegou ao trono quando ele tinha apenas 16 anos de idade e reinou prosperamente por 52 anos. Ele foi um dos reis mais destacados por causa das coisas que ele conseguiu. Ele é um dos poucos reis que viveram tanto e prosperaram tanto. Ele inventou armas, fortaleceu-se e foi capaz de construir mesmo no deserto.

Zacarias, o profeta, instou o rei a buscar o Senhor. Ao buscar o Senhor, o rei Uzias prosperou e se tornou muito forte. Você pode se perguntar qual é a conexão entre a busca de Deus e "prosperar". Na verdade, há uma grande conexão. A Bíblia é clara. Você não pode adicionar à verdade! Você não pode subtrair da verdade! Você só pode aceitar a verdade!

a. Enquanto o rei Uzias buscou o Senhor, ele prosperou.

> Tinha Uzias dezesseis anos quando começou a reinar, e cinquenta e dois anos reinou em Jerusalém; e era o nome de sua mãe Jecolia, de Jerusalém. E fez o que era reto aos olhos do Senhor; conforme a tudo o que fizera Amazias seu pai.
>
> PORQUE DEU-SE A BUSCAR A DEUS NOS DIAS DE ZACARIAS, que era entendido nas visões de Deus; e NOS DIAS EM QUE BUSCOU AO SENHOR, DEUS O FEZ PROSPERAR.
>
> 2Crônicas 26.3-5

b. **Enquanto o rei Uzias buscou o Senhor, o povo deu presentes a ele.**

E OS AMONITAS DERAM PRESENTES A UZIAS; e o seu nome foi espalhado até à entrada do Egito, porque se fortificou altamente.

2Crônicas 26.8

c. **Enquanto o rei Uzias buscou ao Senhor, seu nome se espalhou.**

E os amonitas deram presentes a Uzias; e O SEU NOME FOI ESPALHADO até à entrada do Egito, porque se fortificou altamente.

2Crônicas 26.8

d. **Enquanto o rei Uzias buscou ao Senhor, ele se fortaleceu.**

E os amonitas deram presentes a Uzias; e o seu nome foi espalhado até à entrada do Egito, porque SE FORTIFICOU altamente.

2Crônicas 26.8

e. **Enquanto o rei Uzias buscou ao Senhor, ele construiu torres no deserto.**

Também Uzias edificou torres em Jerusalém, à porta da esquina, e à porta do vale, e à porta do ângulo, e as fortificou. TAMBÉM EDIFICOU TORRES NO DESERTO, e cavou muitos poços, porque tinha muito gado, tanto nos vales como nas campinas; tinha lavradores, e vinhateiros, nos montes e nos campos férteis; porque era amigo da agricultura.

2Crônicas 26.9,10

f. **Enquanto o rei Uzias buscou ao Senhor, ele tinha um exército de homens de combate.**

TINHA TAMBÉM UZIAS UM EXÉRCITO DE HOMENS DESTROS NA GUERRA, que saíam à guerra em tropas, segundo o número da resenha feita por mão de Jeiel, o escrivão, e Maaseias, oficial, sob a direção de Hananias, um dos capitães do rei. O total dos chefes dos pais, homens valentes, era de dois mil e seiscentos. E debaixo das suas ordens havia um exército guerreiro de trezentos e sete mil e quinhentos homens, que faziam a guerra com força belicosa, para ajudar o rei contra os inimigos.

2Crônicas 26.11-13

g. **Enquanto o rei Uzias buscou ao Senhor, ele construiu máquinas inventadas por homens peritos. Buscar ao Senhor o fez sábio.**

FABRICOU em Jerusalém MÁQUINAS, DE INVENÇÃO DE HOMENS PERITOS, destinadas para as torres e cantos das muralhas, para atirarem flechas e grandes pedras; divulgou-se a sua fama até muito longe, porque foi maravilhosamente ajudado, até que se tornou forte (ARA).

2Crônicas 26.15

h. **Enquanto o rei Uzias buscou ao Senhor, ele foi maravilhosamente ajudado.**

Fabricou em Jerusalém máquinas, de invenção de homens peritos, destinadas para as torres e cantos das muralhas, para atirarem flechas e grandes pedras; divulgou-se a sua fama até muito longe, porque foi MARAVILHOSAMENTE AJUDADO, até que se tornou forte.

2Crônicas 26.15

3. BUSCAR AO SENHOR EM PRIMEIRO LUGAR FOI A CHAVE MESTRE DO REI DAVI. DE FATO, FOI SUA CHAVE MESTRE PARA NÃO PRECISAR DE NADA.

É uma grande coisa servir ao Senhor, porque quando você é um servo de Deus, você será abençoado com toda coisa boa.

> Provai, e vede que o Senhor é bom; bem-aventurado o homem que nele confia. Temei ao Senhor, vós, os seus santos, pois nada falta aos que o temem. Os filhos dos leões necessitam e sofrem fome, mas ÀQUELES QUE BUSCAM AO SENHOR BEM NENHUM FALTARÁ.
>
> Salmos 34.8-10

Seu salário por buscar ao Senhor e fazer Sua obra não conhece limites. Esse incrível versículo agora acrescenta "todas as coisas boas" à longa lista de coisas que você pode esperar receber do Senhor ao servi-Lo. Verdadeiramente, a prosperidade é um dos maiores mistérios do nosso mundo de hoje. Ninguém sabe realmente o que faz uma pessoa prosperar e o outro se transformar em nada.

4. BUSCAR AO SENHOR EM PRIMEIRO LUGAR É A CHAVE MESTRE DAS GRANDES RECOMPENSAS.

> ... aquele que se aproxima de Deus creia que ele existe, e que é GALARDOADOR dos que O BUSCAM.
>
> Hebreus 11.6

O princípio é o mesmo e as Escrituras estão dizendo a mesma coisa. Buscar a Deus é uma chave mestra para grandes recompensas. Buscar a Deus e se tornar um servo de Deus é a chave que você tem procurado.

É uma grande coisa servir ao Senhor, porque quando você é um servo de Deus, Ele vai recompensá-lo. Em vez de procurar empregos com os homens, procure ser servo de Deus. Seu trabalho com Deus é mais importante do que o seu trabalho com os homens.

Espere grandes recompensas para a busca de Deus. Deus é um Deus que recompensa!

Espere uma recompensa das bênçãos de Deus enquanto você O busca. Deus é um Deus que abençoa!

Espere uma recompensa de grande proteção para buscar a Deus. Deus é um Deus que protege!

Espere uma recompensa de grande prosperidade enquanto você busca a Deus. Deus é um Deus que lhe faz prosperar!

Espere uma recompensa da paz enquanto você busca a Deus. Deus é um Deus que dá paz!

Espere uma recompensa da multiplicação enquanto você busca a Deus. Deus é um Deus que multiplica as coisas sob suas mãos!

Espere uma recompensa de grandes milagres enquanto você busca a Deus. Deus é um Deus que faz milagres!

Espere uma recompensa de cura enquanto você busca a Deus. Deus é um Deus que cura!

Espere uma recompensa de grande libertação enquanto você busca a Deus. Deus é um Deus que liberta!

Espere um suprimento de suas necessidades.

Espere uma recompensa de prazeres para sempre.

Espere uma recompensa da abundância.

Espere que Deus faça você brilhar nesta vida e na eternidade.

Deus realmente quer que você o veja como recompensador. Espere um rio de recompensas e nada mais! Espere ser abençoado enquanto você serve a Deus. Vai para a frente e cumpra o seu ministério, esperando que Deus o recompense por ser Seu servo.

A maioria das pessoas pensa que há algo errado em esperar recompensas de Deus, mas a Palavra de Deus nos ensina a esperar recompensas. Deus realmente ama quando esperamos boas recompensas por servi-lo. Somos mais rápidos em acreditar que Deus é punidor de pessoas que cometem erros. Deus gosta quando as pessoas pensam coisas boas a respeito Dele.

5. BUSCAR AO SENHOR EM PRIMEIRO LUGAR NUNCA SERÁ EM VÃO.

Não falei em segredo, nem em lugar algum escuro da terra; NÃO DISSE À DESCENDÊNCIA DE JACÓ: BUSCAI-

ME EM VÃO; eu sou o Senhor, que falo a justiça, e anuncio coisas retas.

Isaías 45.19

É uma grande coisa servir ao Senhor porque você nunca vai buscar Deus em vão.

A semente de Jacó não servirá em vão. Deus é um Deus justo. Ninguém serve a Deus em vão. Servir em vão é desperdiçar o seu tempo. Servir em vão é fazer uma atividade sem propósito. Servir em vão é servir sem ter e ver os resultados desejados.

Não pense em Deus de uma maneira ruim. Não pense nele como alguém que vai deixá-lo sem um centavo no final de todo o seu trabalho duro.

Você não servirá a Deus em vão! Servir em vão é se envolver em uma atividade infrutífera, sem valor e inútil. Servir a Deus não pode e nunca será uma atividade infrutífera, sem valor e inútil! Você ficará feliz por ter servido ao Senhor. Ele não pediu à semente de Jacó para servi-lo em vão.

CAPÍTULO 3

É uma grande coisa servir ao Senhor: *Você receberá um bom galardão*

E O QUE CEIFA RECEBE GALARDÃO, e ajunta fruto para a vida eterna; para que, assim o que semeia como o que ceifa, ambos se regozijem.

João 4.36

Um galardão é algo que vem a você por causa do trabalho ou serviço que você prestou. O galardão pode ser dado a você diariamente, semanalmente ou mensalmente. Uma vez que Deus dá galardões, você pode esperar as bênçãos de galardões diariamente, semanalmente ou mensalmente ou anualmente.

O galardão é, portanto, rendas, ganhos, rendimentos, salários, compensações, pagamentos, dinheiro de rescisão contratual, remunerações, emolumentos, reembolsos, ajuda de custo, cachês, honorários, prêmios, adiantamentos, benefícios, subsídios, remessas e pensões.

Essas palavras diferentes revelam os diferentes tipos de galardões que você pode esperar receber por servir a Deus. Espere galardões de Deus enquanto você O serve. Deus lhe pagará pelo trabalho que fizer por Ele. Vejamos os diferentes tipos de galardões que um servo de Deus deve esperar.

Vinte tipos de galardões que você pode esperar

1. As *rendas* são um tipo de galardão. Espere rendas de Deus enquanto você O serve. *Uma renda é o dinheiro que entra em seu bolso pelo trabalho que você fez.* Portanto, você deve esperar uma boa renda a ser paga a você enquanto você serve a Deus. Essas rendas são os galardões que você pode esperar de Deus enquanto você realiza a colheita de almas.

2. *Os ganhos* são um tipo de galardão. Espere lucros de Deus enquanto você O serve. *Um ganho é um dinheiro que você recebe pelo seu trabalho.* Portanto, você deve esperar que quantias de dinheiro sejam pagas a você enquanto você serve a Deus. Esses ganhos são os galardões que você pode esperar de Deus enquanto você realiza a colheita de almas.

3. *Rendimentos* são um tipo de galardão. Espere rendimentos de Deus enquanto você O serve. *Um rendimento é o ganho que você recebe pelo trabalho que fez.* Portanto, você deve

esperar um bom retorno ao servir a Deus. Esses rendimentos são os galardões que você pode esperar de Deus enquanto você pratica a colheita das almas.

4. *Salários* são um tipo de galardão. Espere salários de Deus enquanto você O serve. *Um salário é o dinheiro que alguém recebe todo mês pelo seu empregador.* Como você foi empregado por Deus, você pode esperar um bom salário do céu. Esses salários são os galardões que você pode esperar de Deus enquanto você serve na casa de Deus.

5. *Uma compensação* é um tipo de galardão. Espere compensações de Deus enquanto você O serve. *Uma compensação é o dinheiro que é dado a alguém que sofreu perda ou sofrimento.* Você será pago pelo que você perdeu e tudo o que sofreu. Portanto, você deve esperar que uma boa compensação seja paga a você enquanto você serve a Deus. Essas compensações são os galardões que você pode esperar de Deus enquanto você permanece em Seu serviço.

6. *Os pagamentos* são um tipo de galardão. Espere pagamentos de Deus enquanto você O serve. *Um pagamento é o dinheiro que você ganha pelo trabalho que fez.* Portanto, você deve esperar um bom pagamento a ser pago a você enquanto você serve a Deus. Esses pagamentos são os galardões que você pode esperar de Deus enquanto você realizar a colheita de almas.

7. *O dinheiro de rescisão contratual* é um tipo de galardão. Espere rendas de Deus enquanto você O serve. *O dinheiro de rescisão contratual é uma grande quantia paga a alguém, pelo seu empregador, quando a pessoa é forçada a deixar o seu emprego.* Quando você entra no ministério em tempo integral, você é forçado a deixar seu emprego secular. Eu tive que deixar minha profissão médica para trabalhar para Deus em tempo integral. Você pode esperar grandes quantidades a serem pagas a você por Deus, porque você teve que deixar o seu trabalho.

8. *As remunerações* são um tipo de galardão. Espere remunerações de Deus enquanto você O serve. *Uma remuneração é o ato de*

pagar bens e serviços e recompensar perdas. Tenha a certeza de que quaisquer bens e serviços que você tenha fornecido a Jesus e quaisquer perdas que tenha feito serão pagos. Portanto, você deve esperar uma boa remuneração a ser paga a você enquanto você serve a Deus. Essas remunerações são os galardões que você pode esperar de Deus enquanto você serve na casa de Deus.

9. *Os emolumentos* são um tipo de galardão. Espere emolumentos de Deus enquanto você O serve. *Um emolumento é uma forma alternativa de pagamento que uma pessoa recebe para fazer um trabalho*. Você será pago em espécie, você receberá presentes, você receberá privilégios que são todos parte de seu galardão, dado a você por Deus. Esses emolumentos são os galardões que você pode esperar de Deus ao servir na casa de Deus.

10. *Os reembolsos* são um tipo de galardão. Espere reembolsos de Deus enquanto você O serve. *Um reembolso é a compensação paga por danos e perdas*. Você deve, portanto, esperar um bom reembolso a ser pago a você, por todas as coisas que você fez no serviço do Rei. Pense em todo o dinheiro que gastou em visitar pessoas, acompanhar pessoas, ir à igreja e trabalhar para Deus. Você certamente será reembolsado pelos anjos do Senhor. Esses reembolsos são os galardões que você pode esperar de Deus ao servir na casa de Deus.

11. *Os subsídios* são um tipo de galardão. Espere subsídios de Deus enquanto você O serve. *Um subsídio é a quantia de dinheiro dado a alguém para algumas despesas pessoais ou gerais*. Os subsídios são geralmente dados quando um salário real não está disponível. Você pode esperar maravilhosos subsídios a serem pagos a você enquanto você servir a Deus. Esses subsídios são os galardões que você pode esperar do próprio Deus.

12. *O cachê* é também um tipo de galardão. Espere cachês de Deus enquanto você O serve. *Um cachê é um pagamento de valor fixo para serviços profissionais*. Você talvez vai

precisar pagar mensalidades escolares para os seus filhos. Você também talvez vai precisar pagar uma consulta médica. Pense nas taxas escolares ou mensalidades que você tem que pagar para que um professor ensine seus filhos. Imagine o tipo de cachê que tem que ser pago a você por ensinar a Palavra de Deus. Considere que a Palavra de Deus é muito mais importante do que a química ou a biologia. Você receberá cachês do céu.

13. *Os honorários* são um tipo de galardão. Espere honorários de Deus enquanto você O serve. *Um honorário é uma quantia de dinheiro dada a um orador por dar uma palestra.* Deus tem enormes honorários empilhados para você para as várias palestras que você honrou em Seu nome. Os tempos em que você falou a Palavra de Deus e honrou a Jesus nunca serão esquecidos no céu. Esses honorários são o salário que você pode esperar de Deus como você serve na casa de Deus. Você deve esperar um bom honorário a ser pago a você como servo de Deus.

14. *Os prêmios* são também um tipo de galardão. Espere prêmios de Deus enquanto você O serve. *Um prêmio é uma gratificação ou um certificado que uma pessoa recebe para fazer algo bom.* Há muitos prêmios e certificados alinhados para você enquanto você serve ao Senhor.

15. *Os adiantamentos* são um tipo de galardão. *Um adiantamento é uma quantia de dinheiro que é paga a alguém antecipadamente.* Um adiantamento é algo que é dado a você mesmo antes de você trabalhar. Você pode esperar que Deus o carregue com benefícios mesmo antes de começar a servi-lo. Ele conhece seu coração e conhece aqueles que realmente O servirão. Os adiantamentos são muito comuns quando você serve ao Senhor.

16. *Recompensas* são um tipo de galardão. Espere recompensas de Deus enquanto você O serve. *Uma recompensa é algo que é dado a alguém porque ele se comportou bem, trabalhou duro ou prestou um serviço.* Você pode esperar grandes

recompensas pelo seu bom comportamento na casa de Deus. Recompensas são os galardões que você pode esperar de Deus ao servi-lo.

17. *Os benefícios* são um tipo de galardão. Espere benefícios de Deus enquanto você O serve. *Um benefício é um tipo de pagamento não monetário que é dado por um empregador.* Há muitos pagamentos não monetários que você pode esperar enquanto você serve ao Senhor. Privilégios, respeito, honra, bondade, presentes, bom tratamento, tratamento real são alguns dos poucos benefícios que você pode esperar na casa de Deus.

18. *Os estipêndios* são um tipo de galardão. Espere um estipêndio de Deus enquanto você O serve. *Um estipêndio é uma quantia de dinheiro concedida a um estudante para as suas despesas de vida.* Mesmo quando você é um aluno pregador, aprendendo a ser um pastor, você pode esperar estipêndios do céu. Não se preocupe, porque você é um estudante na casa de Deus. Deus honra Seus alunos. Mesmo quando você está na escola, você pode esperar galardões do céu.

19. *As remessas* são um tipo de galardão. Espere remessas de Deus enquanto você O serve. *Uma remessa é o dinheiro que é enviado a uma pessoa em outra cidade.* Você pode esperar várias remessas para cair na sua conta enquanto você serve ao Senhor. Apesar do céu estar longe da terra, o tempo todo está sendo planejado para enviar dinheiro para você nesta terra porque você serve ao Senhor.

20. *As pensões* são um tipo de galardão. Espere pensões de Deus enquanto você O serve. *Uma pensão é uma quantia regular paga a você pelos serviços prestados no passado ou por ter se aposentado do serviço ativo.* Você continuará a receber dinheiro de Deus bem depois de se aposentar da Sua obra.

"O que ceifa recebe galardão." Você receberá o galardão de colher as almas e a colheita que Deus ordenou para nós. O galardão para realizar a colheita é a chave mestra para a prosperidade, o sucesso e a bênção de Deus.

CAPÍTULO 4

É uma grande coisa servir ao Senhor: *Haverá uma diferença entre os que servem ao Senhor e os que não O servem*

E eles serão meus, diz o Senhor dos Exércitos; naquele dia serão para mim joias; POUPÁ-LOS-EI, como um homem poupa a seu filho, que o serve. Então voltareis e VEREIS A DIFERENÇA ENTRE O JUSTO E O ÍMPIO; entre o que serve a Deus, e o que não o serve.

Malaquias 3.17-18

Malaquias é famoso por suas advertências sobre o não pagamento do dízimo. Mas eu acho que há um aviso ainda mais sério de Malaquias para todos nós. Por favor, observe a advertência de Malaquias para aqueles que não servem ao Senhor: Deus fará surgir uma grande diferença entre aqueles que servem e aqueles que não servem.

Haverá sempre uma diferença entre aqueles que servem ao Senhor e aqueles que não servem ao Senhor. Jesus nos contou sobre certo homem que teve dois filhos. Um dos filhos escolheu servir na casa e o outro escolheu sair. Um decidiu que era uma ótima ideia ser um servo na casa do seu pai e trabalhar com humildade nos campos. Hoje, podemos escolher trabalhar com humildade nos campos de colheita do nosso Pai ou podemos optar por sair. Podemos escolher seguir as fantasias e as ideias mundanas dos homens. Eu escolhi ser servo do Senhor e trabalhar em Seu campo. A promessa é clara! Você voltará e verá uma diferença entre aqueles que servem ao Senhor e aqueles que não O servem!

A história do filho pródigo é o melhor exemplo desse princípio. No final, havia uma grande diferença entre quem serviu na casa e aquele que decidiu não servir na casa do pai. Por favor, observe as diferenças importantes que surgem entre aqueles que servem ao Senhor e aqueles que não O servem.

Malaquias não é o único profeta que adverte sobre a diferença que surgirá entre aqueles que servem e aqueles que não servem. O profeta Isaías também nos adverte que surgirão diferenças sérias entre aqueles que servem a Deus e aqueles que não o fazem.

> **Também vos destinareis à espada, e todos vos encurvareis à matança; porquanto chamei, e não respondestes; falei, e não ouvistes; mas fizestes o que era mau aos meus olhos, e escolhestes aquilo em que não tinha prazer.**
>
> **Portanto assim diz o Senhor DEUS: EIS QUE OS MEUS SERVOS COMERÃO, MAS VÓS PADECEREIS FOME; EIS QUE OS MEUS SERVOS BEBERÃO, PORÉM VÓS TEREIS SEDE; EIS QUE OS MEUS SERVOS SE ALEGRARÃO, MAS VÓS VOS ENVERGONHAREIS;**

EIS QUE OS MEUS SERVOS EXULTARÃO PELA ALEGRIA DE CORAÇÃO, MAS VÓS GRITAREIS PELA TRISTEZA DE CORAÇÃO; E UIVAREIS PELO QUEBRANTAMENTO DE ESPÍRITO.

Isaías 65.12-14

Sete diferenças entre aqueles que servem e aqueles que não servem

1. Ao servir a Deus, haverá uma diferença entre o seu *status* e o *status* daqueles que não servem a Deus. O filho pródigo foi reduzido à posição de servo. Quando ele voltou para casa, pediu permissão para ser colocado ao nível de um servo. Na verdade, ele havia perdido tudo e não era mais do que um servo. Seu status era completamente diferente daquele do seu irmão. Seu irmão era um coerdeiro com o seu pai. Ele era um servo qualquer sem direitos, sem dinheiro, sem propriedade e sem boa reputação.

E o filho lhe disse: Pai, pequei contra o céu e perante ti, e já NÃO SOU DIGNO DE SER CHAMADO TEU FILHO.

Lucas 15.21

2. Quando você serve a Deus, haverá uma diferença na cobertura sobre sua vida. O filho pródigo estava em grande necessidade e ninguém lhe deu ajuda. Quando você tem uma cobertura, você sempre receberá ajuda do seu pai e da cobertura que está sobre sua cabeça indefesa. Todo mundo vai precisar de ajuda em algum momento. Ai de você se você perder a cobertura sobre sua cabeça indefesa!

E foi, e chegou-se a um dos cidadãos daquela terra, o qual o mandou para os seus campos, a apascentar porcos.

Lucas 15.15

3. Quando você serve a Deus, haverá uma diferença nos resultados de sua vida. O filho pródigo tinha se tornado um

mendigo quando ele aprendeu a lição de não servir na casa de seu pai. Por favor, não se torne um mendigo por não servir ao Senhor. Eu vi muitas pessoas perderem tudo o que tinham por seguir os ociosos. Servir ao Senhor é a atividade mais importante em que você pode se envolver.

"Caindo em si, ele disse: 'Quantos empregados de meu pai têm comida de sobra, e EU AQUI, MORRENDO DE FOME!'"

Lucas 15.17

4. Quando você serve a Deus, haverá uma diferença na paz que você desfruta. O filho pródigo não tinha paz na terra distante que ele tinha escolhido para si. Até mesmo os porcos disputavam com ele o alimento que ele devia comer. Ninguém queria mais conhecê-lo. Ele não era mais uma pessoa importante. Ninguém o ajudou e ninguém gostava dele! Por sua vez, o irmão mais velho estava desfrutando de sucesso como o único herdeiro restante da propriedade de seu pai.

Por isso foi empregar-se com um dos cidadãos daquela região, que o mandou para o seu campo a fim de cuidar de porcos. ELE DESEJAVA ENCHER O ESTÔMAGO COM AS VAGENS DE ALFARROBEIRA QUE OS PORCOS COMIAM, mas ninguém lhe dava nada.

Lucas 15.15,16

Se tão-somente você tivesse prestado atenção às minhas ordens, SUA PAZ SERIA COMO UM RIO, sua retidão, como as ondas do mar. Seus descendentes seriam como a areia, seus filhos, como seus inúmeros grãos; o nome deles jamais seria eliminado nem destruído de diante de mim.

Isaías 48.18,19

5. Quando você serve a Deus, haverá uma diferença no seu nível de prosperidade. O filho pródigo não tinha nada em seu nome. Seu pai disse ao irmão mais velho, o humilde servo: "Tudo o que tenho é seu". O irmão mais jovem, que se recusou a servir, foi basicamente reduzido à roupa que

ele estava usando. Lembre-se que as roupas que ele estava vestindo eram presentes que ele tinha recebido na chegada.

Mas ele respondeu a seu pai: Há TANTOS ANOS QUE TE SIRVO sem jamais transgredir uma ordem tua, e nunca me deste um cabrito sequer para alegrar-me com os meus amigos; Então, lhe respondeu o pai: Meu filho, tu sempre estás comigo; TUDO O QUE É MEU É TEU.

Lucas 15.29,31 (ARA)

6. Quando você serve a Deus, haverá uma diferença na maneira como o Seu Pai se relaciona com você. Quando você é um bom servo de Deus, Seu Pai lhe dirá Seus segredos e compartilhará Suas poderosas revelações com você. O filho pródigo foi recebido e festejado, mas ao irmão mais velho que tinha sido um servo fiel foi dito a verdade. Seu pai lhe disse em segredo: "Tudo o que tenho é teu, porque você está sempre comigo". Ao jovem filho pródigo, ele apenas disse: "Bem-vindo de volta a sua casa".

Disse o pai: "Meu filho, você está sempre comigo, e tudo o que tenho é seu".

Lucas 15.31

7. Ao servir a Deus, haverá uma diferença absoluta entre aqueles que servem e aqueles que não servem. O pai falou a respeito do seu filho que resistiu à ideia de ser um servo em casa. Ele disse: "Meu filho estava perdido". Ele também disse: "Meu filho estava morto". Em outras palavras, quando você não é um servo na casa do Senhor, você está morto. Quando você não é servo na casa do Senhor, está perdido. Uau! Quando você é um servo em casa, você é achado! Quando você é um servo na casa, você está vivo! Na verdade, há uma diferença entre aqueles que servem ao Senhor e aqueles que não O servem!

Mas nós tínhamos que comemorar e alegrar-nos, porque este seu irmão estava morto e voltou à vida, estava perdido e foi achado.

Lucas 15.32

CAPÍTULO 5

É uma grande coisa servir ao Senhor: *Você terá a proteção divina*

1. É uma grande coisa servir ao Senhor, porque quando você é um servo de Deus, Ele o marcará e o protegerá.

Depois disso vi quatro anjos de pé nos quatro cantos da terra, retendo os quatro ventos, para impedir que qualquer vento soprasse na terra, no mar ou em qualquer árvore.

Então vi outro anjo subindo do Oriente, tendo o selo do Deus vivo. Ele bradou em alta voz aos quatro anjos a quem havia sido dado poder para danificar a terra e o mar: "NÃO DANIFIQUEM NEM A TERRA, NEM O MAR NEM AS ÁRVORES, ATÉ QUE SELEMOS AS TESTAS DOS SERVOS DO NOSSO DEUS".

Apocalipse 7.1-3

Como você pode ver neste versículo poderoso, o anjo do Senhor marcou os servos do Senhor. Uma grande destruição foi determinada na terra, mas o anjo do Senhor selou os servos de Deus. Esses servos foram considerados dignos de escapar da destruição que foi determinada.

O profeta declarou: "Visto que você é precioso e honrado à minha vista, e porque eu o amo, darei homens em seu lugar" (Isaías 43.4). Deus lhe concederá escapes divinos de muitos males porque Ele está preservando você. Você deve sempre lembrar que é precioso aos olhos de Deus porque você se tornou Seu servo.

Talvez, se você não fosse um servo do Senhor, você teria morrido há muito tempo. Talvez você não consiga ver a marca invisível que está sobre a sua cabeça porque você é Seu servo. Na verdade, há uma marca invisível em você. Deus o marcou e a marca é visível aos anjos. Todos os servos de Deus são marcados e selados! É por causa dessa marca que você não é destruído. Deus está protegendo você todos os dias porque você é Seu servo.

2. **É uma grande coisa servir ao Senhor, porque quando você é um servo de Deus, Ele vai livrar você das suas correntes.**

> **SENHOR, SOU TEU SERVO, SIM, SOU TEU SERVO, FILHO DA TUA SERVA; LIVRASTE-ME DAS MINHAS CORRENTES. Oferecerei a ti um sacrifício de gratidão e invocarei o nome do Senhor. Cumprirei para com o Senhor os meus votos, na presença de todo o seu povo, nos pátios da casa do Senhor, no seu interior, ó Jerusalém! Aleluia!**
>
> **Salmos 116.16-19**

Deus tem grande compaixão pelos Seus servos. Ele soltará suas correntes e desatará suas cordas. Deus é o chefe mais gentil que qualquer um poderia ter. Ele se preocupa muito com os Seus servos. Existem alguns patrões que realmente amam as pessoas que trabalham para eles. Eles podem não ter uma relação biológica com elas, mas eles parecem adotá-las como seus próprios filhos.

Um dia, um homem enviou mensageiros para falar com Jesus. Esse homem era um centurião, um comandante de pelo menos 100 soldados. Ele tinha um pedido especial para fazer a Jesus. Seu servo estava doente e necessitava desesperadamente de cura.

Veja o que o homem disse: "Tenho homens debaixo de mim, e digo a um: 'Vai', e ele vai, para outro 'Vem', e ele vem".

Jesus foi tocado pela fé do homem e curou o servo do centurião. Você notará que não foi o filho ou a filha do centurião que estava doente, mas seu servo. De fato, mesmo os malvados soldados romanos tinham sentimentos por seus servos. Deus tem grandes sentimentos por você, Seu servo! Ele vai soltar suas correntes e libertá-lo, porque Ele é o seu Mestre amado. É uma grande coisa servir ao Senhor. É uma grande coisa servir uma pessoa tão amável.

3. É uma grande coisa servir ao Senhor, porque quando você é um servo de Deus, Ele aniquilará os seus inimigos.

E no teu amor leal, ANIQUILA OS MEUS INIMIGOS; destrói todos os meus adversários, POIS SOU TEU SERVO.

Salmos 143.12

Deus aniquilará os seus inimigos. Não é possível vir a esta vida sem ter inimigos. Por Sua misericórdia para o Seu servo, Ele aniquilará seus inimigos para que você não os veja mais. Quando seus inimigos são aniquilados, você não os vê mais, você não interage mais com eles. Deus silenciará todos os inimigos em sua vida somente porque você é Seu servo.

Daniel foi levado para a cova dos leões. Ele foi servido como jantar para os leões. Os leões famintos olharam para o jantar e simplesmente perderam o apetite. Esse milagre foi registrado para o seu encorajamento. Tudo o que representa um leão em sua vida será cortado a partir de hoje! O rei foi forçado a colocar Daniel na cova dos leões, mas ele desesperadamente queria que Daniel escapasse. De manhã cedo, ele correu para a beira da cova dos leões e gritou: "Daniel, servo do Deus vivo, o teu Deus, a quem tu serves continuamente, é capaz de te livrar dos leões?" Mas Deus enviou Seus anjos para livrar Daniel porque ele era um servo de Deus.

Qualquer pessoa que surgir como inimigo em sua vida será exterminada porque você é um servo de Deus! No final, todos os acusadores de Daniel foram jogados na cova dos leões. O rei ordenou que fossem eliminados na mesma cova dos leões. Dessa vez, os leões não se recusaram a comer as pessoas que caíram no fundo do poço. Eles esmagaram seus ossos, comeram suas carnes, seus fígados, seus rins, seus crânios e cada parte de seus corpos. Isso mostra que os leões estavam realmente famintos e capazes de matar e comer qualquer um. Eles eram leões verdadeiramente famintos que haviam sido tentados com a carne de Daniel na noite anterior, mas foram contidos por anjos. Todos os acusadores de Daniel, suas esposas e seus filhos, foram devorados pelos leões! Por que os leões comiam tantas pessoas, mas não tocavam em Daniel? Os leões famintos não eram páreo para os anjos de Deus. Os anjos seguraram os leões. A proteção divina estava trabalhando para o servo de Deus. Os anjos de Deus estão segurando o que quer destruir a sua vida.

> **Pela manhã, ao romper do dia, levantou-se o rei, e foi com pressa à cova dos leões. E, chegando-se à cova, chamou por Daniel com voz triste; e disse o rei a Daniel: DANIEL, SERVO DO DEUS VIVO, DAR-SE-IA O CASO QUE O TEU DEUS, A QUEM TU CONTINUAMENTE SERVES, TENHA PODIDO LIVRAR-TE DOS LEÕES? Então Daniel falou ao rei: Ó rei, vive para sempre! O meu Deus enviou o seu anjo, e fechou a boca dos leões, para que não me fizessem dano, porque foi achada em mim inocência diante dele; e também contra ti, ó rei, não tenho cometido delito algum. Então o rei muito se alegrou em si mesmo, e mandou tirar a Daniel da cova. Assim foi tirado Daniel da cova, e nenhum dano se achou nele, porque crera no seu Deus.**
>
> **Daniel 6.19-23**

4. É uma grande coisa servir ao Senhor, porque todos os que odeiam você ficarão envergonhados.

Pelo poder de Deus, todos os que se indignarem contra você serão destruídos. Na minha curta vida, encontrei pessoas que pareciam irritadas comigo. Elas queriam que eu caísse e elas queriam que eu fosse destruído. Quando você é um servo de Deus, Ele certificará que todos os que estão irritados contra você estarão envergonhados e confundidos. Muitos dos que riram de mim já não são mais capazes de rir tanto. Que todos os seus inimigos se envergonhem do que disseram contra você!

> **Tu a quem tomei desde os fins da terra, e te chamei dentre os seus mais excelentes, e te disse: TU ÉS O MEU SERVO, a ti escolhi e nunca te rejeitei. Não temas, porque eu sou contigo; não te assombres, porque eu sou teu Deus; eu te fortaleço, e te ajudo, e te sustento com a destra da minha justiça.**
>
> **Eis que, ENVERGONHADOS E CONFUNDIDOS SERÃO TODOS OS QUE SE INDIGNARAM CONTRA TI; TORNAR-SE-ÃO EM NADA, e os que contenderem contigo, perecerão. Buscá-los-ás, porém não os acharás; os que pelejarem contigo, tornar-se-ão em nada, e como coisa que não é nada, os que guerrearem contigo. Porque eu, o Senhor teu Deus, te tomo pela tua mão direita; e te digo: Não temas, eu te ajudo. Não temas, tu verme de Jacó, povozinho de Israel; eu te ajudo, diz o Senhor, e o teu redentor é o Santo de Israel.**
>
> **Isaías 41.9-14**

CAPÍTULO 6

É uma grande coisa servir ao Senhor: *Você terá a prosperidade*

1. **É uma grande coisa servir ao Senhor, porque quando você é um servo de Deus, você passará os seus dias em prosperidade.** O dinheiro é a razão pela qual a maioria das pessoas trabalha. O dinheiro é o que precisamos para viver e sobreviver neste mundo. Nós todos sabemos como ganhar dinheiro. Temos que estudar e temos que trabalhar. Por meio do trabalho duro, suor e labuta, você será capaz de ter todo o dinheiro que você precisa.

Mas eu conheço outro fator que contribui grandemente para a sua prosperidade: A realidade de ser um servo de Deus. É uma grande coisa servir ao Senhor, porque quando você é servo de Deus, passará os seus dias em prosperidade e os seus anos em prazer. A prosperidade é uma promessa clara para todos os servos de Deus. Espere prosperar quando você serve a Deus. Espere que Deus o faça rico quando você O servir. Seja qual for o seu trabalho, saiba que servir a Deus é a chave para a sua eventual prosperidade.

Se lhe obedecerem e o servirem, SERÃO PRÓSPEROS ATÉ O FIM DOS SEUS DIAS e terão contentamento nos anos que lhes restam. Mas, se não obedecerem, perecerão à espada e morrerão na ignorância.

Jó 36.11-12

2. **É uma grande coisa servir ao Senhor, porque quando você é um servo de Deus, Deus tem prazer em sua prosperidade.** Deus realmente gosta de dar dinheiro a você, porque você é Seu servo. Você acredita na Bíblia ou não? É hora de você aceitar a verdade sobre a prosperidade. Deus gosta quando os Seus servos são ricos, opulentos e prósperos. Ele tem prazer em sua prosperidade. Ele se diverte fazendo Seus servos ricos e direcionando dinheiro para eles. Ele tem prazer na prosperidade de Seu servo.

Cantem e alegrem-se os que amam a minha justiça, e digam continuamente: O Senhor seja engrandecido, O QUAL AMA A PROSPERIDADE DO SEU SERVO.

Salmos 35.27

3. **É uma grande coisa servir ao Senhor, porque quando você é um servo de Deus, você desfrutará de abundância transbordante.**

E viu estar dois barcos junto à praia do lago; e os pescadores, havendo descido deles, estavam lavando as redes. E, entrando num dos barcos, que era o de Simão, pediu-lhe que o afastasse um pouco da terra; e, assentando-se, ensinava do barco a multidão. E, quando acabou de falar, disse a Simão: Faze-te ao mar alto, e lançai as vossas redes para pescar. E, respondendo Simão, disse-lhe: Mestre, havendo trabalhado toda a noite, nada apanhamos; mas, sobre a tua palavra, lançarei a rede. E, fazendo assim, colheram uma grande quantidade de peixes, e rompia-se-lhes a rede.

Lucas 5.2-6

Pedro era pescador e servia aos seus próprios interesses. Por alguns instantes, ele serviu os interesses de Jesus quando permitiu que Ele usasse o seu barco. Ser servo de Deus e servir os interesses de Jesus Cristo trouxeram uma abundância multiplicada muito além de qualquer esforço humano. Eu encorajaria todo obreiro da igreja e todo empresário a crer na Palavra de Deus e a aprender com os testemunhos daqueles que viveram no tempo de Jesus e tiveram o privilégio de obedecer às Suas instruções. Deus multiplica as coisas sob sua mão porque você ajuda o Seu propósito e serve aos Seus interesses. Espere a abundância multiplicada porque você é um servo de Deus!

4. **É uma grande coisa servir ao Senhor, porque quando você é um servo de Deus, Ele vai livrá-lo do constrangimento**. Obedecer a Palavra de Deus e tornar-se servo de Deus levará à abundância o tempo todo. A escassez embaraçosa de vinho na festa de casamento foi interrompida pelo milagre que Jesus realizou. A chave desse milagre foi a obediência às palavras de Jesus. A mãe de Jesus advertiu os servos a obedecer a Jesus. Da mesma forma, quando você obedece às palavras de Jesus "Buscai primeiro o reino de Deus e sua justiça", você se torna servo de Deus e invoca a superabundância sobre a sua vida. Tudo o que é uma fonte de embaraço para você é cortado pelo poder de Deus que está trabalhando em sua vida! Sua vida como servo de Deus invoca o milagre da superabundância agora!

E, ao terceiro dia, fizeram-se umas bodas em Caná da Galileia; e estava ali a mãe de Jesus. E foi também convidado Jesus e os seus discípulos para as bodas. E, faltando vinho, a mãe de Jesus lhe disse: Não têm vinho. Disse-lhe Jesus: Mulher, que tenho eu contigo? Ainda não é chegada a minha hora. Sua mãe disse aos serventes: FAZEI TUDO QUANTO ELE VOS DISSER. E estavam ali postas seis talhas de pedra, para as purificações dos judeus, e em cada uma cabiam dois ou três almudes.

Disse-lhes Jesus: Enchei de água essas talhas. E encheram-nas até em cima. E disse-lhes: Tirai agora, e levai ao mestre-sala. E levaram.

E, logo que o mestre-sala provou a água feita vinho (não sabendo de onde viera, se bem que o sabiam os serventes que tinham tirado a água), chamou o mestre-sala ao esposo, E disse-lhe: Todo o homem põe primeiro o vinho bom e, quando já têm bebido bem, então o inferior; mas tu guardaste até agora o bom vinho.

João 2.1-10

5. **É uma grande coisa servir ao Senhor, porque quando você é um servo de Deus, nunca lhe faltará comida.** Ser servo de Deus é simplesmente obedecer ao que Deus diz. Obedecer à Palavra de Deus resultará em você ter comida suficiente para comer pelo restante de sua vida. Você pode não perceber o quanto existe de bênção até você conhecer a história de milhões de pessoas que lutam para ter comida suficiente para comer todos os dias. A provisão de alimento é um milagre importante para a sua vida. Quando os discípulos obedeceram às instruções de Jesus para organizar as pessoas em grupos de cinquenta, o milagre começou a praticamente acontecer. Quando você começar a obedecer a Deus verdadeiramente e se tornar Seu servo, você verá abundância e uma provisão como você nunca imaginou!

E já o dia começava a declinar; então, chegando-se a ele os doze, disseram-lhe: Despede a multidão, para que, indo aos lugares e aldeias em redor, se agasalhem, e achem o que comer; porque aqui estamos em lugar deserto. Mas ele lhes disse: Dai-lhes vós de comer. E eles disseram: Não temos senão cinco pães e dois peixes, salvo se nós próprios formos comprar comida para todo este povo. Porquanto estavam ali quase cinco mil homens. Disse, então, aos seus discípulos: FAZEI-OS ASSENTAR, EM RANCHOS DE CINQUENTA EM CINQUENTA.

E assim o fizeram, fazendo-os assentar a todos. E, tomando os cinco pães e os dois peixes, e olhando para o céu, abençoou-os, e partiu-os, e deu-os aos seus discípulos para os porem diante da multidão. E COMERAM TODOS, E SACIARAM-SE; e levantaram, do que lhes sobejou, doze alcofas de pedaços.

Lucas 9.12-14

6. **É uma grande coisa servir ao Senhor, porque quando você é um servo de Deus, você receberá terras e casas.** Deus lhe dará cem vezes tanto de terras, casas e relacionamentos nesta vida por causa do que você deixou para segui-lo. Esse versículo é verdadeiro ou não é. Jesus Cristo distingue entre recompensas na terra e recompensas no céu. Ele promete recompensas neste tempo para aqueles que deixaram tudo por amor a Ele. Espere receber terras, casas, irmãos e muitas outras coisas porque você serve a Deus.

E Pedro começou a dizer-lhe: Eis que nós tudo deixamos, e te seguimos. E Jesus, respondendo, disse: Em verdade vos digo que ninguém há, que tenha deixado casa, ou irmãos, ou irmãs, ou pai, ou mãe, ou mulher, ou filhos, ou campos, por amor de mim e do evangelho, QUE NÃO RECEBA CEM VEZES TANTO, JÁ NESTE TEMPO, EM CASAS, E IRMÃOS, e irmãs, e mães, e filhos, E CAMPOS, com perseguições; e no século futuro a vida eterna. Porém muitos primeiros serão derradeiros, e muitos derradeiros serão primeiros.

Marcos 10.28-31

CAPÍTULO 7

É uma grande coisa servir ao Senhor: *Você servirá e Ele abençoará*

1. É uma grande coisa servir ao Senhor porque VOCÊ SERVIRÁ E ELE ABENÇOARÁ O SEU PÃO E A SUA ÁGUA.

Deus dá diversas bênçãos àqueles que O servem. A bênção em seu pão e sua água resulta na doença sendo tirada de você. Deus cura aqueles que O servem. Deus os abençoa com a cura. Espere ser curado porque você é Seu servo. Sua cura é uma bênção importante, porque você serviu ao Senhor. O contrato é claro: Você servirá e Ele abençoará!

> **E SERVIREIS AO SENHOR VOSSO DEUS, E ELE ABENÇOARÁ o vosso pão e a vossa água; e eu tirarei do meio de vós as enfermidades. Não haverá mulher que aborte, nem estéril na tua terra; o número dos teus dias cumprirei.**
>
> **Êxodo 23.25,26**

Servir a Deus é uma bênção para você. "Servireis ao Senhor vosso Deus, e Ele abençoará."

Eu quero que você lembre esta frase:

E SERVIREIS ao SENHOR, teu Deus, e ELE ABENÇOARÁ...!

E SERVIREIS ao SENHOR, teu Deus, e ELE ABENÇOARÁ...!

E SERVIREIS ao SENHOR, teu Deus, e ELE ABENÇOARÁ...!

E SERVIREIS ao SENHOR, teu Deus, e ELE ABENÇOARÁ...!

E SERVIREIS ao SENHOR, teu Deus, e ELE ABENÇOARÁ...!

E SERVIREIS ao SENHOR, teu Deus, e ELE ABENÇOARÁ...!

E SERVIREIS ao SENHOR, teu Deus, e ELE ABENÇOARÁ...!

Ser chamado para servir a Deus é ser chamado para uma bênção. Pare de pensar a respeito do que você pode fazer por Deus. Não há nada que você possa fazer por Ele. Levante os olhos e veja as bênçãos que aguardam aqueles que servem ao Deus vivo. Deus realmente gosta quando as pessoas esperam bênçãos porque servem a Ele.

2. É uma grande coisa servir ao Senhor, porque SERVIREIS E ELE ABENÇOARÁ: NÃO HAVERÁ ESTERILIDADE ENTRE VOCÊS.

> E SERVIREIS AO SENHOR VOSSO DEUS, E ELE ABENÇOARÁ o vosso pão e a vossa água; e eu tirarei do meio de vós as enfermidades. NÃO HAVERÁ MULHER QUE ABORTE, NEM ESTÉRIL na tua terra; o número dos teus dias cumprirei.
>
> Êxodo 23.25,26

Espere não ter esterilidade alguma em seu meio. A bênção de ter filhos é liberada abundantemente em sua vida porque você é Seu servo. Tudo o que causa a esterilidade em sua vida é destruído hoje, em nome de Jesus! Quando você orar, invoque Deus e espere um milagre, porque você é um servo de Deus. Deus está com você e Ele responderá a todas as suas orações. Essa é uma das bênçãos divinas por servir ao Senhor.

Eu quero que você lembre esta frase:

E SERVIREIS ao SENHOR, teu Deus, e ELE ABENÇOARÁ...!

E SERVIREIS ao SENHOR, teu Deus, e ELE ABENÇOARÁ...!

E SERVIREIS ao SENHOR, teu Deus, e ELE ABENÇOARÁ...!

E SERVIREIS ao SENHOR, teu Deus, e ELE ABENÇOARÁ...!

E SERVIREIS ao SENHOR, teu Deus, e ELE ABENÇOARÁ...!

E SERVIREIS ao SENHOR, teu Deus, e ELE ABENÇOARÁ...!

E SERVIREIS ao SENHOR, teu Deus, e ELE ABENÇOARÁ...!

3. É uma grande coisa servir ao Senhor porque SERVIREIS E ELE ABENÇOARÁ: VOCÊ VIVERÁ MUITO TEMPO.

E SERVIREIS AO SENHOR VOSSO DEUS, E ELE ABENÇOARÁ o vosso pão e a vossa água; e eu tirarei do meio de vós as enfermidades. Não haverá mulher que aborte, nem estéril na tua terra; O NÚMERO DOS TEUS DIAS CUMPRIREI.

Êxodo 23.25,26

Você vai servir ao Senhor e Ele vai abençoá-lo com longa vida. Não espere morrer em breve. Você viverá entre os 80 e 120 anos de idade. Você será forte e saudável durante toda a sua vida. Você nunca estará internado no hospital e você nunca receberá medicação por via intravenosa. Deus cuidará de você porque você é Seu servo. Ele fará que você realize o sonho da longa vida. Mesmo que haja muitas coisas más que estão cortando a vida dos homens, sua vida será poupada. Ser um servo de Deus não é coisa pequena. Lembre-se:

E SERVIREIS ao SENHOR, teu Deus, e ELE ABENÇOARÁ...!

E SERVIREIS ao SENHOR, teu Deus, e ELE ABENÇOARÁ...!

E SERVIREIS ao SENHOR, teu Deus, e ELE ABENÇOARÁ...!

E SERVIREIS ao SENHOR, teu Deus, e ELE ABENÇOARÁ...!

4. É uma grande coisa servir ao Senhor porque SERVIREIS E ELE ABENÇOARÁ: A BÊNÇÃO DO SENHOR FARÁ VOCÊ SER UMA BÊNÇÃO PARA OUTROS.

Ora, o SENHOR disse a Abrão: Sai-te da tua terra, da tua parentela e da casa de teu pai, para a terra que eu te mostrarei. E far-te-ei uma grande nação, e abençoar-te-ei e engrandecerei o teu nome; e TU SERÁS UMA BÊNÇÃO. E abençoarei os que te abençoarem, e amaldiçoarei os que te amaldiçoarem; e em ti serão benditas todas as famílias da terra.

Gênesis 12.1-3

Você servirá e Ele abençoará! Como Abraão serviu a Deus, Deus o abençoou. Deus o abençoou tanto que ele se tornou uma bênção. Abraão, o servo de Deus, se tornou uma bênção! O maior benefício de ser abençoado é se tornar uma bênção. Você está em uma posição muito melhor na sociedade quando é capaz de dar um carro para alguém. Receber um carro é uma grande bênção. Mas ser capaz de dar um carro é uma bênção ainda maior! Receber uma casa é de fato uma bênção. Se você é sempre capaz de dar a alguém uma casa, você deve ser de fato uma pessoa realmente abençoada. Apenas as pessoas abençoadas podem dar. Deus está mudando a sua situação! Em vez de abrir a boca como um pardal recém-nascido para somente receber, Deus está virando as coisas. Você está se tornando um doador pelas bênçãos do Senhor. Se você não tem muito, você simplesmente não pode dar.

5. É uma grande coisa servir ao Senhor, porque SERVIREIS E ELE ABENÇOARÁ: AS BÊNÇÃOS VIRÃO SOBRE VOCÊ E ULTRAPASSARÃO VOCÊ.

> E será que, SE OUVIRES A VOZ DO SENHOR TEU DEUS, tendo cuidado de guardar todos os seus mandamentos que eu hoje te ordeno, o SENHOR TEU DEUS TE EXALTARÁ SOBRE TODAS AS NAÇÕES DA TERRA.
>
> E todas estas bênçãos virão sobre ti e te alcançarão, quando ouvires a voz do Senhor teu Deus...
>
> Deuteronômio 28.1,2

Servireis ao Senhor e Ele abençoará. Ao obedecer Suas palavras e se tornar Seu servo, espere que muitas bênçãos estejam sobre você. Ele exaltará você. Ele irá promovê-lo! Você estará acima de todos os seus colegas e contemporâneos, porque você é um servo de Deus.

Muitas bênçãos estão determinadas para os servos de Deus que decidiram obedecer a Sua voz e servi-Lo. Que honra ser servo de Deus! Você será levantado acima de todos os seus colegas. A promoção divina está vindo a você porque você é um servo de Deus. Os reis virão à sua ascensão, porque você é um servo de Deus.

CAPÍTULO 8

É uma grande coisa servir ao Senhor: *Não será em vão*

Portanto, meus amados irmãos, sede firmes, inabaláveis e sempre abundantes na obra do Senhor, sabendo que, no Senhor, O VOSSO TRABALHO NÃO É VÃO...

1Coríntios 15.58 (ARA)

Trabalhar para Deus não é em vão. Tudo o restante é em vão! Todo trabalho nesta terra é em vão. Mas ser um servo de Deus não é em vão. Não é em vão porque os resultados e recompensas são espirituais e eternos. Neste capítulo, você aprenderá todos os maravilhosos benefícios espirituais de ser servo de Deus. É realmente uma grande coisa servir ao Senhor. Quando você é um servo do Senhor, você tem muitas bênçãos espirituais e eternas.

A lista de bênçãos espirituais neste capítulo é simplesmente incrível. Por favor, acredite em todas as bênçãos que vêm ao servo de Deus. Há coisas na Bíblia que se espera que apenas acreditemos. Não tente muito entender como e por que todas essas bênçãos virão sobre você porque você é um servo de Deus. Tenha fé em Deus e você experimentará todas essas profecias na vida prática.

1. **É uma grande coisa servir ao Senhor porque os seus pecados são apagados**. Você e eu somos pecadores. Cometemos muitos erros e não há uma boa razão para Deus usar qualquer um de nós. É necessário que os seus pecados sejam apagados. Na verdade, os seus pecados são apagados apenas porque você se tornou um servo de Deus. Anos atrás, descobri que um dos empregados do meu pai era um ladrão. Então eu ouvi que o meu pai já sabia que ele era um ladrão. No início, fiquei perplexo e me perguntei por que meu pai não se livrou desse servo que era um ladrão conhecido. Percebi que o meu pai tinha ignorado (apagado) os pecados de seu servo. Ele simplesmente não tomou conhecimento de todo o furto que estava acontecendo. Ele parecia valorizar esse servo tanto que nunca o despediu. É surpreendente quantas transgressões e pecados de um servo serão apagados por um mestre.

"Lembre-se disso, ó Jacó, pois você é meu servo, ó Israel. Eu o fiz, VOCÊ É MEU SERVO; ó Israel, eu não o esquecerei. Como se fossem uma nuvem, VARRI PARA LONGE SUAS OFENSAS; como se fossem a neblina da manhã, os seus pecados. Volte para mim, pois eu o resgatei."

Isaías 44.21,22

2. **É uma grande coisa servir ao Senhor porque as palavras de Deus são confirmadas em sua vida**. Deus honrará as palavras que você fala. Ele assegurará que suas profecias não caiam ao chão.

Assim diz o Senhor, o seu redentor, que o formou no ventre: EU SOU O SENHOR, que fiz todas as coisas, que sozinho estendi os céus, que espalhei a terra por mim mesmo... QUE EXECUTA AS PALAVRAS DE SEUS SERVOS e cumpre as predições de seus mensageiros, que diz acerca de Jerusalém: "Ela será habitada", e das cidades de Judá: "Elas serão construídas", e de suas ruínas: "Eu as restaurarei"...

Isaías 44.24,26

3. **É uma grande coisa servir ao Senhor porque você será usado em todo o mundo por Deus**. Eu viajei por todo o mundo como servo de Deus. Eu não teria visto muitos dos lugares que vi se eu não fosse um servo de Deus. Ser servo de Deus me fez proclamar a salvação até os confins da terra. Que honra ser servo de Deus!

Ele me disse: "VOCÊ É MEU SERVO, ISRAEL, em quem mostrarei o meu esplendor". Mas eu disse: "Tenho me afadigado sem qualquer propósito; tenho gasto minha força em vão e para nada. Contudo, o que me é devido está na mão do Senhor, e a minha recompensa está com o meu Deus". E agora o Senhor diz, aquele que me formou NO VENTRE PARA SER O SEU SERVO para trazer de volta Jacó e reunir Israel a ele mesmo, pois sou honrado aos olhos do Senhor, e o meu Deus tem sido a minha força; ele diz: "É coisa pequena demais para você ser meu servo para restaurar as tribos de Jacó e trazer de volta aqueles de Israel que eu guardei. TAMBÉM FAREI DE VOCÊ UMA LUZ PARA OS GENTIOS, PARA QUE VOCÊ LEVE A MINHA SALVAÇÃO ATÉ AOS CONFINS DA TERRA".

Isaías 49.3-6

4. **É uma grande coisa servir ao Senhor porque você se aproximará de Deus.** Deus é um Deus que abençoa aqueles a quem Ele escolheu para servi-Lo. Ser chamado para trabalhar para Deus é uma bênção. Você não pode melhorar Deus de maneira alguma. Você não pode fazer Deus parecer bom ou ruim. Você e eu somos nada. Precisamos de Deus! Ele não precisa de nós! O versículo a seguir diz: "Bem-aventurado o homem a quem Deus escolhe". Quando você é escolhido por Deus, você é abençoado. É você quem é abençoado quando você é escolhido.

Bem-aventurado AQUELE A QUEM TU ESCOLHES, e fazes chegar a ti, para que habite em teus átrios; nós seremos fartos da bondade da tua casa e do teu santo templo.

Salmos 65.4

Pois eis que os que se alongam de ti, perecerão; tu tens destruído todos aqueles que se desviam de ti. MAS PARA MIM, BOM É APROXIMAR-ME DE DEUS; pus a minha confiança no Senhor DEUS, para anunciar todas as tuas obras.

Salmos 73.27,28

5. **É uma grande coisa servir ao Senhor porque Deus o honrará.** Não pode haver nada nesta vida que lhe traga honra exceto Deus. Servir a Deus é a coisa mais honrosa que você jamais poderia fazer. Você receberá mais honra em sua vida por ser servo de Deus.

Se alguém me serve, siga-me, e onde eu estiver, ali estará também o meu servo. E, SE ALGUÉM ME SERVIR, MEU PAI O HONRARÁ.

João 12.26

6. **É uma grande coisa servir ao Senhor porque Deus o poupará.**

E eles serão meus, diz o Senhor dos Exércitos; naquele dia serão para mim joias; POUPÁ-LOS-EI, COMO UM

HOMEM POUPA A SEU FILHO, QUE O SERVE. Então voltareis e vereis a diferença entre o justo e o ímpio; entre o que serve a Deus, e o que não o serve.

Malaquias 3.17,18

7. É uma grande coisa servir ao Senhor porque você conhecerá os segredos de Deus.

Você não conta seus segredos a todos. Por que você acha que Deus revelaria Seus segredos para todos? Quando você se tornar um servo, Ele lhe dirá seus segredos e lhe falará sobre o futuro.

Certamente o Senhor DEUS não fará coisa alguma, SEM TER REVELADO O SEU SEGREDO AOS SEUS SERVOS, OS PROFETAS.

Amós 3.7

CAPÍTULO 9

É uma grande coisa servir ao Senhor: *Você receberá bênçãos do templo*

As pessoas que servem a Deus em seu templo de dia e de noite têm muitos benefícios. No livro de Apocalipse, vemos o segredo do que realmente significa ter essa posição e esse trabalho.

> **Por isso estão diante do trono de Deus, e O SERVEM DE DIA E DE NOITE NO SEU TEMPLO; e aquele que está assentado sobre o trono os cobrirá com a sua sombra. Nunca mais terão fome, nunca mais terão sede; nem sol nem calma alguma cairá sobre eles. Porque o Cordeiro que está no meio do trono os apascentará, e lhes servirá de guia para as fontes vivas das águas; e Deus limpará de seus olhos toda a lágrima.**
>
> **Apocalipse 7.15-17**

No livro de Apocalipse, temos uma imagem maravilhosa de pessoas servindo no templo de Deus. Essa visão nos mostra o que realmente significa servir ao Senhor. Leia por si mesmo e fique espantado com os benefícios de um servo do Senhor.

Uma das maiores bênçãos de servir a Deus é a bênção do próprio Senhor cuidar de você. Servir a Deus totalmente, em Sua casa, resulta no Cordeiro cuidando totalmente de você.

A grande bênção de servir ao Senhor não pode ser comparada com outro tipo de serviço a qualquer organização ou pessoa.

Davi disse, "Uma coisa pedi ao SENHOR, e a buscarei: que possa morar na casa do SENHOR todos os dias da minha vida, para contemplar a formosura do SENHOR, e inquirir no seu templo" (Salmos 27.4). Você não tem que chegar ao céu para servir em Seu templo. Você pode igualmente servir a Ele agora mesmo. Espere estas oito recompensas maravilhosas quando você servir ao Senhor em Seu templo.

Oito Benefícios de Servir no Templo

1. *Não há mais fome.* Você nunca sentirá falta de comida até morrer.

JAMAIS TERÃO FOME, nunca mais terão sede, não cairá sobre eles o sol, nem ardor algum...

Apocalipse 7.16 (ARA)

2. *Não há mais sede.* Você nunca terá sede ou desconforto

Jamais terão fome, NUNCA MAIS TERÃO SEDE, não cairá sobre eles o sol, nem ardor algum...

Apocalipse 7.16 (ARA)

3. *Proteção contra o sol.* Você não será destruído pelo sol. Você terá uma casa e um carro para protegê-lo do sol direto. Uma vez eu tive uma visão de três pastores leigos, trabalhando no sol e no calor. O Espírito Santo me disse que esses pastores estavam trabalhando no mundo secular, quando deveriam estar na casa de Deus. Liguei para cada um deles e os convidei a entrar no templo e servir a Deus. Infelizmente, um deles optou por continuar no sol e calor onde ele permanece até hoje.

Jamais terão fome, nunca mais terão sede, NÃO CAIRÁ SOBRE ELES O SOL, nem ardor algum...

Apocalipse 7.16 (ARA)

4. *Proteção contra o calor*. Você não vai mais suar de dia ou à noite. Espere que Deus faça você ficar confortável enquanto você O serve. Espere ter ar-condicionado que refresca o seu ambiente todo o tempo. Deus lhe dará dinheiro suficiente para comprar um gerador, um ventilador e um ar-condicionado.

Jamais terão fome, nunca mais terão sede, não cairá sobre eles o sol, NEM ARDOR ALGUM.

Apocalipse 7.16 (ARA)

5. *Ser alimentado pelo Senhor*. Espere que Deus o alimente. Você será mimado e amado porque serviu ao Senhor. Deus poderia ter simplesmente tirado a fome da sua vida. Mas Ele decidiu alimentá-lo. Isso mostra até que ponto Deus quer massagear você e mimá-lo.

Porque O CORDEIRO que está no meio do trono OS APASCENTARÁ, e lhes servirá de guia para as fontes vivas das águas; e Deus limpará de seus olhos toda a lágrima.

Apocalipse 7.17

6. *Ser guiado pelo Senhor para fontes vivas*. Você será levado às fontes vivas das águas. Em todo o mundo, as pessoas vão para as praias para vivenciar a diversão e a emoção dos oceanos. A água viva cria um sentimento muito empolgante. Você terá um feriado eterno com as fontes vivas das águas sendo pulverizadas sobre você apenas porque você está servindo ao Senhor. Sinto muito pelas pessoas que pensam que servir ao Senhor é aborrecido.

Porque O CORDEIRO que está no meio do trono os apascentará, e LHES SERVIRÁ DE GUIA PARA AS FONTES VIVAS DAS ÁGUAS; e Deus limpará de seus olhos toda a lágrima.

Apocalipse 7.17

7. *A remoção de tristezas e lágrimas*. A vida nesta terra é pontuada por lágrimas, mágoa e tristeza. Servir em Seu templo é marcado pela ausência notável de lágrimas dolorosas. Você não chorará mais quando servir ao Senhor.

Porque O CORDEIRO que está no meio do trono os apascentará, e lhes servirá de guia para as fontes vivas das águas; e DEUS LIMPARÁ DE SEUS OLHOS TODA A LÁGRIMA.

Apocalipse 7.17

8. *Você se tornará uma estrela brilhante na eternidade*. Deus faz você brilhar quando você ganha almas para Ele. Você brilhará para sempre na eternidade porque serviu ao Senhor.

Os que forem sábios, pois, resplandecerão como o fulgor do firmamento; e os que a muitos ensinam a justiça, como as estrelas sempre e eternamente.

Daniel 12.3

CAPÍTULO 10

É uma grande coisa servir ao Senhor: *Você não servirá ao inimigo*

Servir a Deus é muito importante porque, seja qual for o caso, você definitivamente vai servir a algo ou a alguém. Quem você vai servir? Para quem você vai trabalhar? O que governará a sua vida? O que vai fazer você acordar cedo de manhã e ir trabalhar? Por que você vai morrer? Em que você gastará a energia e o zelo de sua vida? O que fará você fazer muitas viagens? Ao que você vai se curvar? Ao que você vai ceder? Quem você vai servir? O que você vai servir?

Você com certeza vai servir alguém! Você com certeza vai servir algo. Você vai trabalhar para alguém, mesmo que seja para você mesmo. Quando Deus lhe oferece uma oportunidade para servi-Lo, Ele está lhe oferecendo uma oportunidade para escapar de servir ao seu inimigo. Existem muitos tipos diferentes de inimigos que você poderia servir. Nenhum desses inimigos vale a pena servir. É sempre melhor servir ao Senhor. Deus ri do céu enquanto os homens escolhem servir madeira e pedra, ao invés de servi-Lo, o Criador. Que vergonha é que o homem se incline e sirva pedra e madeira em vez de servir ao Criador de tudo isso!

O pior de tudo é a possibilidade de você estar servindo a Satanás em vez de servir a Deus. Satanás é um mestre muito perverso. Quando os demônios estão no controle, eles infligem medidas duras e cruéis contra aqueles sobre os quais exercem poder. É triste ver as medidas cruéis tomadas por Satanás.

É hora de servir ao Senhor! É hora de se distanciar de tudo que é demoníaco. Escolha Deus! Ao escolher Deus, você está escolhendo não servir madeira, pedras ou até mesmo Faraó.

1. **Se você não servir ao Senhor, você será entregue para servir aos seus inimigos.**

> **UMA VEZ QUE VOCÊS NÃO SERVIRAM com júbilo e alegria ao Senhor, ao seu Deus, na época da prosperidade, ENTÃO, EM MEIO À FOME E À SEDE, EM NUDEZ E POBREZA EXTREMA, VOCÊS SERVIRÃO AOS INIMIGOS QUE O SENHOR ENVIARÁ CONTRA VOCÊS. Ele porá um jugo de ferro sobre o seu pescoço, até que os tenham destruído.**
>
> **Deuteronômio 28.47,48**

Deus quer ter prazer em relacionar-se com você. Deus quer ser feliz com você e quer ter satisfação de ver você servindo a Ele. Se você não gostar de Deus, Ele o entregará para servir à alternativa. Se você não quiser servir a Deus, a opção será servir ao Seu inimigo.

Muitas pessoas que rejeitaram o cristianismo estão sendo forçadas a aceitar uma religião alternativa com todas as suas implicações. O castigo de Deus para o Seu povo que não quer servi-Lo é servir ao inimigo com fome, sede e falta de todas as coisas. Há pessoas que devem estar no ministério, servindo a Deus todas as suas vidas. Hoje, muitas dessas pessoas estão trabalhando para o inimigo dia e noite, construindo reinos financeiros para os incrédulos. Eles recebem ninharia por todo o seu trabalho árduo e basicamente avançam a agenda dos homens demonizados. Satanás se alegra quando os melhores tesouros de Deus são trancados nas pirâmides do Faraó, construindo monumentos para a glória do inimigo. Você deve lembrar que a riqueza do mundo está nas mãos de algumas pessoas poderosas que odeiam principalmente a Deus.

2. **Se você não servir ao Senhor, você será dado para servir a outros deuses...**

Então o Senhor os espalhará pelas nações, de um lado ao outro da terra. Ali VOCÊS ADORARÃO OUTROS DEUSES; deuses de madeira e de pedra, que vocês e os seus antepassados nunca conheceram.

Deuteronômio 28.64

Você pode ser forçado a servir a outros deuses porque você não serviu ao Senhor. Muitas das pessoas que rejeitaram o cristianismo se voltaram para outro tipo de religião. Muitas outras religiões floresceram nos lugares onde o cristianismo foi rejeitado. Eu já estive em uma cidade que já foi um belo exemplo de uma poderosa influência cristã. Bem no centro da cidade vi uma estátua dedicada à feitiçaria. Fiquei espantado com a maneira como a cidade cristã poderia se afastar e entrar completamente na escuridão. De fato, se você não servir ao Deus vivo, você será forçado a servir a outros deuses.

3. **Se você não servir ao Senhor, você será entregue para servir pau e pedra.**

Quando você não escolher servir ao Senhor, servirá pau e pedra. Você vai construir com pau e pedra e vai acabar morrendo pela madeira e pela pedra!

O Senhor te levará a ti e a teu rei, que tiveres posto sobre ti, a uma nação que não conheceste, nem tu nem teus pais; e ali SERVIRÁS A OUTROS DEUSES, AO PAU E À PEDRA. E serás por pasmo, por ditado, e por fábula, entre todos os povos a que o Senhor te levará.

Deuteronômio 28.36,37

4. **Se você não servir ao Senhor, você se tornará um ditado, uma fábula e um pasmo.**

E todas estas maldições virão sobre ti, e te perseguirão, e te alcançarão, até que sejas destruído; porquanto não

ouviste à voz do Senhor teu Deus, para guardares os seus mandamentos, e os seus estatutos, que te tem ordenado; E SERÃO ENTRE TI POR SINAL E POR MARAVILHA, como também entre a tua descendência para sempre.

Deuteronômio 28.45,46

Porque você não serviu ao Senhor, você se tornou um ditado, um sinal e uma maravilha. Deus olha para você com tristeza enquanto os homens zombam de você e o usam como um mau exemplo para tudo. Você é um sinal, uma maravilha e um pasmo apenas porque você não escolheu servir ao Senhor. A partir de agora você deve escolher servir a Deus.

5. **Se você não servir ao Senhor, você servirá a Faraó e ele lhe dará trabalho forçado.**

Portanto deu ordem Faraó, naquele mesmo dia, aos exatores do povo, e aos seus oficiais, dizendo: Daqui em diante não torneis a dar palha ao povo, para fazer tijolos, como fizestes antes: vão eles mesmos, e colham palha para si. E lhes imporeis a conta dos tijolos que fizeram antes; nada diminuireis dela, porque eles estão ociosos; por isso clamam, dizendo: Vamos, sacrifiquemos ao nosso Deus. AGRAVE-SE O SERVIÇO SOBRE ESTES HOMENS, PARA QUE SE OCUPEM NELE...

Êxodo 5.6,9

Servir a Faraó é servir a Satanás. Faraó é um "tipo" de Satanás. Moisés é um "tipo" de Cristo. Moisés foi enviado para livrar o povo de Deus da grande escravidão de Satanás (Faraó). Todo o serviço dos filhos de Israel sob a mão de Faraó tipifica como é servir a Satanás no mundo de hoje. As pessoas são impedidas de servir a Deus pelo Faraó, que dificilmente as deixará ir.

O que aconteceu com os filhos de Israel foi apenas um exemplo para nós que fomos salvos por meio de Cristo. Moisés foi um tipo de Cristo que salvou os israelitas. Faraó foi um tipo de Satanás que não quer que as pessoas sirvam a Deus. Faraó recebeu a ordem: "Deixa ir o meu povo, para que me sirva". Faraó não queria que o povo de Deus partisse. Ele não queria que eles servissem a Deus. Hoje, há muitos empregos que não permitem que você sirva a Deus. Há muitas nações que não permitem que você sirva a Deus. Há muitas circunstâncias que não permitem que você sirva a Deus.

Como Faraó impediu os israelitas de servir a Deus, os seus empregos, os seus chefes, os seus superiores podem estar impedindo você de servir a Deus. A alternativa de servir ao Senhor com alegria é servir aos seus inimigos.

6. **Se você não servir ao Senhor, você servirá a Faraó e a sua vida será usada para construir as cidades deste mundo.**

Você poderia ter construído as cidades do Senhor, mas você escolheu construir as cidades deste mundo sob a liderança do Faraó. Em vez de servir ao Senhor, você apenas contribuirá para a construção de grandes cidades no planeta Terra. É tudo o que você quer realizar com sua vida – construir as cidades de Londres, Acra, Lagos, Paris e Nova Iorque? Eu quero estar envolvido na construção do reino de Deus.

E puseram sobre eles maiorais de tributos, para os afligirem com suas cargas. Porque EDIFICARAM A FARAÓ CIDADES-ARMAZÉNS, PITOM E RAMESSÉS.

Êxodo 1.11

7. **Se não servir ao Senhor, servirá a Faraó e ele lhe dará homens perversos para ser seus líderes.**

Servir a Faraó é servir a homens maus e assassinos. Os egípcios eram assassinos porque deram instruções para assassinar todas as crianças hebreias.

E o rei do Egito falou às parteiras das hebreias (das quais o nome de uma era Sifrá, e o da outra Puá), E disse: Quando ajudardes a dar à luz às hebreias, e as virdes sobre os assentos, SE FOR FILHO, MATAI-O; mas se for filha, então viva. As parteiras, porém, temeram a Deus e não fizeram como o rei do Egito lhes dissera, antes conservavam os meninos com vida.

Êxodo 1.15-17

Lembre-se: Faraó dificilmente vai deixar alguém ir! Você deve lutar para ser livre! Você deve lutar para servir a Deus! Faraó não o deixará ir facilmente! Não será fácil romper e servir ao Senhor.

Porque sucedeu que, ENDURECENDO-SE FARAÓ, PARA NÃO NOS DEIXAR IR, o Senhor matou todos os primogênitos na terra do Egito, desde o primogênito do homem até o primogênito dos animais; por isso eu sacrifico ao Senhor todos os primogênitos, sendo machos; porém a todo o primogênito de meus filhos eu resgato.

Êxodo 13.15

8. Se você não servir ao Senhor, você servirá a Faraó e ele o impedirá de ir muito longe com Deus.

Chegou a hora de se entregar totalmente. Estamos indo até onde Deus quer que vamos. Não deixe ninguém lhe dizer o quão longe você deve ir com Deus.

"Isso não seria sensato", respondeu Moisés; "os sacrifícios que oferecemos ao nosso Deus são um sacrilégio para os egípcios. Se oferecermos sacrifícios que lhes pareçam sacrilégio, isso não os levará a nos apedrejar? Faremos três dias de viagem no deserto, e ofereceremos sacrifícios ao Senhor nosso Deus, como ele nos ordena". Disse o faraó: "Eu os deixarei ir e oferecer sacrifícios ao Senhor seu Deus no deserto, mas NÃO SE AFASTEM MUITO e orem por mim também".

Êxodo 8.26-28

9. Se você não servir ao Senhor, você servirá a Faraó e ele roubará todos os seus rebanhos e manadas.

Muitas pessoas estão desapontadas no final de suas vidas. Elas serviram a Faraó e não resultou em nada.

E Moisés disse: Havemos de ir com os nossos jovens, e com os nossos velhos; com os nossos filhos, e com as nossas filhas, COM AS NOSSAS OVELHAS, E COM

OS NOSSOS BOIS havemos de ir; porque temos de celebrar uma festa ao Senhor.

Êxodo 10.9

10. Se você não servir ao Senhor, você servirá a Faraó e ele assumirá a sua família.

Satanás adoraria ter sua família se ele não puder ter você. Ao servir ao Senhor, você livra sua família da maldade e do mal. Muitas crianças são salvas apenas porque seus pais servem a Deus. Uma das bênçãos de servir a Deus é para que os seus filhos sejam salvos. Satanás quer desesperadamente sua semente, mas Deus tem um plano para eles. Lute para ser livre do Faraó! Você está lutando por seus filhos!

E Moisés disse: HAVEMOS DE IR COM OS NOSSOS JOVENS, E COM OS NOSSOS VELHOS; com OS NOSSOS FILHOS, e com AS NOSSAS FILHAS, com as nossas ovelhas, e com os nossos bois havemos de ir; porque temos de celebrar uma festa ao Senhor.

Êxodo 10.9

CAPÍTULO 11

É uma grande coisa servir ao Senhor: *A herança profética de um servo de Deus*

...esta é a HERANÇA dos servos do Senhor...

Isaías 54.17

O servo do Senhor tem uma grande herança. Ele está destinado à grandeza de uma maneira sobrenatural.

A maioria dos cristãos não lê muito o livro de Isaías. Talvez conheçam alguns versículos de Isaías, mas a maioria de nós dificilmente compreende muita coisa. No entanto, é o livro mais citado por Jesus e é também o livro que descreve o ministério de Jesus em detalhes surpreendentes. É também o livro que descreve a herança de um servo de Deus em muitos detalhes. É muito importante para nós entendermos a revelação que Deus tem para nós neste livro. Eu acredito que você será poderosamente abençoado por esse profeta maravilhoso!

Há doze profecias específicas sobre os servos de Deus no livro de Isaías. O profeta falou claramente sobre a herança de qualquer pessoa que é chamada de servo do Senhor. Essas profecias são autoexplicativas e revelam os pensamentos de Deus a respeito dos Seus servos. Na verdade, não há privilégio maior do que ser chamado servo de Deus.

Não deixe que ninguém o tire da grande honra de ser servo de Deus. A herança de um servo de Deus é boa demais para ser verdade! Eu quero ser um servo de Deus! Quero servi-Lo ainda mais do que fiz até agora! Eu gostaria de poder viver mais só para servi-lo mais! Que bênção ser chamado servo de Deus!

Eu quero que você leia repetidamente as profecias de Isaías a respeito de um servo de Deus. Ao fazê-lo, acredite nas incríveis bênçãos que são profetizadas sobre a sua herança como servo de Deus.

Lembre-se, essas bênçãos não são para qualquer um. São bênçãos para um servo de Deus! Elas não são faladas apenas para as pessoas comuns, mas para aquelas que são chamadas "servos de Deus".

Observe que cada vez que o profeta começou a declarar as bênçãos e a herança dos servos de Deus, ele falou muitas coisas. Tantas coisas incríveis! Algumas difíceis de acreditar!

Por causa da multidão de declarações diferentes feitas por Isaías a respeito dos servos de Deus, eu decidi não fazer comentário sobre elas, mas apenas reproduzi-las como elas são. A partir de agora, você sempre saberá onde encontrar as doze profecias sobre o servo de Deus. Ao meditar nessas profecias, elas mergulharão em seu espírito. Você vai praticamente experimentar todas as coisas profetizadas sobre um servo de Deus! Essas profecias descrevem a herança dos servos de Deus.

Doze Profecias sobre o Servo de Deus

1. A primeira herança profética de um servo de Deus.

PORÉM TU, Ó ISRAEL, SERVO MEU, tu Jacó, a quem elegi descendência de Abraão, meu amigo; Tu a quem tomei desde os fins da terra, e te chamei dentre os seus mais excelentes, e te disse: TU ÉS O MEU SERVO, a ti escolhi e nunca te rejeitei. Não temas, porque eu sou contigo; não te assombres, porque EU SOU TEU DEUS; EU TE FORTALEÇO, e te ajudo, e te sustento com a destra da minha justiça. Eis QUE, ENVERGONHADOS E CONFUNDIDOS SERÃO TODOS OS QUE SE INDIGNARAM CONTRA TI; TORNAR-SE-ÃO EM NADA, e os que contenderem contigo, perecerão. Buscá-los-ás, porém não os acharás; os que pelejarem contigo, TORNAR-SE-ÃO EM NADA, e como coisa que não é nada, OS QUE GUERREAREM CONTIGO. Porque eu, o Senhor teu Deus, TE TOMO PELA TUA MÃO DIREITA; e te digo: Não temas, eu te ajudo. Não temas, tu verme de Jacó, povozinho de Israel; eu te ajudo, diz o Senhor, e o teu redentor é o Santo de Israel. EIS QUE FAREI DE TI UM TRILHO NOVO, que tem dentes agudos; os montes trilharás e moerás; e os outeiros tornarás como a pragana. Tu os padejarás e o vento os levará, e o redemoinho os espalhará; mas TU TE ALEGRARÁS NO SENHOR e te gloriarás no Santo de Israel.

Isaías 41.8-16

2. A segunda herança profética de um servo de Deus.

EIS AQUI O MEU SERVO, a quem sustenho, o meu eleito, em quem se apraz a minha alma; PUS O MEU ESPÍRITO SOBRE ELE; ele trará justiça aos gentios. Não clamará, não se exaltará, nem fará ouvir a sua voz na praça. A cana trilhada não quebrará, nem apagará o pavio que fumega; com verdade trará justiça. NÃO FALTARÁ, NEM SERÁ QUEBRANTADO, até que ponha na terra a justiça; e as ilhas aguardarão a sua lei. Assim diz Deus, o Senhor, que criou os céus, e os estendeu, e espraiou a terra, e a tudo quanto produz; que dá a respiração ao povo que nela está, e o espírito aos que andam nela. Eu, o Senhor, TE CHAMEI EM JUSTIÇA, E TE TOMAREI PELA MÃO, E TE GUARDAREI, E TE DAREI POR ALIANÇA DO POVO, E PARA LUZ DOS GENTIOS. PARA ABRIR OS OLHOS DOS CEGOS, PARA TIRAR DA PRISÃO OS PRESOS, E DO CÁRCERE OS QUE JAZEM EM TREVAS. Eu sou o Senhor; este é o meu nome; a minha glória, pois, a outrem não darei, nem o meu louvor às imagens de escultura. Eis que as primeiras coisas já se cumpriram, e as novas eu vos anuncio, e, antes que venham à luz, vo-las faço ouvir.

Isaías 42.1-9

3. A terceira herança profética de um servo de Deus.

Mas agora, assim diz o SENHOR que te criou, ó Jacó, e que te formou, ó Israel: Não temas, porque eu te remi; chamei-te pelo teu nome, tu és meu. QUANDO PASSARES PELAS ÁGUAS ESTAREI CONTIGO, E QUANDO PELOS RIOS, ELES NÃO TE SUBMERGIRÃO; QUANDO PASSARES PELO FOGO, NÃO TE QUEIMARÁS, nem a chama arderá em ti. Porque eu sou o Senhor teu Deus, o Santo de Israel, o teu Salvador; dei o Egito por teu resgate, a Etiópia e a Seba em teu lugar. Visto que foste precioso aos meus olhos, também foste honrado, E EU TE AMEI, ASSIM DEI OS HOMENS POR TI, E OS POVOS PELA TUA VIDA. Não temas, pois, porque estou contigo; trarei a tua descendência desde o oriente, e te ajuntarei desde o ocidente. DIREI AO NORTE: DÁ; E AO SUL: NÃO RETENHAS; TRAZEI MEUS FILHOS DE LONGE E MINHAS FILHAS DAS EXTREMIDADES DA TERRA, A todos os que são chamados pelo meu nome, e os que criei para a minha glória: eu os formei, e também eu os fiz. Trazei o povo cego, que tem olhos; e os surdos, que têm ouvidos. Todas as nações se congreguem, e os povos se reúnam; quem dentre eles pode anunciar isto, e fazer-nos ouvir as coisas antigas? Apresentem as suas testemunhas, para que se justifiquem, e se ouça, e se diga: Verdade é. Vós sois as minhas testemunhas, diz o Senhor, E MEU SERVO, A QUEM ESCOLHI; para que o saibais, e me creiais, e entendais que eu sou o mesmo, e que antes de mim deus nenhum se formou, e depois de mim nenhum haverá.

Isaías 43.1-10

4. A quarta herança profética de um servo de Deus.

Agora, pois, ouve, ó Jacó, servo meu, e tu, ó Israel, a quem escolhi. Assim diz o Senhor que te criou e te formou desde o ventre, e que te ajudará: NÃO TEMAS, Ó JACÓ, SERVO MEU, E TU, JESURUM, A QUEM ESCOLHI. PORQUE DERRAMAREI ÁGUA SOBRE O SEDENTO, E RIOS SOBRE A TERRA SECA; DERRAMAREI O MEU ESPÍRITO SOBRE A TUA POSTERIDADE, E A MINHA BÊNÇÃO SOBRE OS TEUS DESCENDENTES. E BROTARÃO COMO A ERVA, como salgueiros junto aos ribeiros das águas.

Isaías 44.1-4

5. A quinta herança profética do servo de Deus.

Lembra-te destas coisas, ó Jacó, e Israel, porquanto és meu servo; eu te formei, MEU SERVO ÉS, ó Israel, NÃO ME ESQUECEREI DE TI. APAGUEI AS TUAS TRANSGRESSÕES como a névoa, e os TEUS PECADOS como a nuvem; torna-te para mim, porque eu te remi. Cantai alegres, vós, ó céus, porque o Senhor o fez; exultai vós, as partes mais baixas da terra; vós, montes, retumbai com júbilo; também vós, bosques, e todas as suas árvores; porque o Senhor remiu a Jacó, e glorificou-se em Israel. Assim diz o Senhor, teu redentor, e que te formou desde o ventre: Eu sou o Senhor que faço tudo, que sozinho estendo os céus, e espraio a terra por mim mesmo; Que desfaço os sinais dos inventores de mentiras, e enlouqueço os adivinhos; que faço tornar atrás os sábios, e converto em loucura o conhecimento deles; QUE CONFIRMO A PALAVRA DO SEU SERVO, E CUMPRO O CONSELHO DOS SEUS MENSAGEIROS; que digo a Jerusalém: Tu serás habitada, e às cidades de Judá: Sereis edificadas, e eu levantarei as suas ruínas; Que digo à profundeza: Seca-te, e eu secarei os teus rios. QUE DIGO DE CIRO: É MEU PASTOR, E CUMPRIRÁ TUDO O QUE ME APRAZ, DIZENDO TAMBÉM A JERUSALÉM: TU SERÁS EDIFICADA; E AO TEMPLO: TU SERÁS FUNDADO.

Isaías 44.21-28

6. A sexta herança profética do servo do Senhor.

Ouvi-me, ilhas, e escutai vós, povos de longe: O SENHOR me chamou desde o ventre, desde as entranhas de minha mãe fez menção do meu nome. E fez a minha boca como uma espada aguda, com a sombra da sua mão me cobriu; e me pôs como uma flecha limpa, e me escondeu na sua aljava; E me disse: TU ÉS MEU SERVO; és Israel, aquele por quem hei de ser glorificado. Porém eu disse: Debalde tenho trabalhado, inútil e vãmente gastei as minhas forças; todavia o meu direito está perante o Senhor, e o meu galardão perante o meu Deus. E agora diz o Senhor, que me formou desde o ventre para ser seu servo, para que torne a trazer Jacó; porém Israel não se deixará ajuntar; contudo aos olhos do Senhor serei glorificado, e o meu Deus será a minha força. Disse mais: Pouco é que sejas o meu servo, para restaurares as tribos de Jacó, e tornares a trazer os preservados de Israel; também te dei para luz dos gentios, para seres a minha salvação até à extremidade da terra. Assim diz o Senhor, o Redentor de Israel, o seu Santo, à alma desprezada, ao que a nação abomina, ao servo dos que dominam: Os reis o verão, e se levantarão, como também os príncipes, e eles diante de ti se inclinarão, por amor do Senhor, que é fiel, e do Santo de Israel, que te escolheu. Assim diz o Senhor: NO TEMPO ACEITÁVEL TE OUVI E NO DIA DA SALVAÇÃO TE AJUDEI, E TE GUARDAREI, E TE DAREI POR ALIANÇA DO POVO, PARA RESTAURARES A TERRA, E DAR-LHES EM HERANÇA AS HERDADES ASSOLADAS; Para dizeres aos presos: Saí; e aos que estão em trevas: Aparecei. Eles pastarão nos caminhos, e em todos os lugares altos haverá o seu pasto. Nunca terão fome, nem sede, nem o calor, nem o sol os afligirá; porque o que se compadece deles os guiará e os levará mansamente aos mananciais das águas. E farei de todos os meus montes um caminho; e as minhas estradas serão levantadas. Eis que estes virão de longe, e eis que aqueles do norte, e do ocidente, e aqueles outros da terra de Sinim. Exultai, ó céus, e alegra-te, ó terra, e vós, montes, estalai com júbilo, porque o Senhor consolou o seu povo, e dos seus aflitos se compadecerá.

Isaías 49.1-13

7. A sétima herança profética do servo do Senhor.

Eis que o MEU SERVO procederá com prudência; SERÁ EXALTADO, E ELEVADO, E MUI SUBLIME. Como pasmaram muitos à vista dele, pois o seu parecer estava tão desfigurado, mais do que o de outro qualquer, e a sua figura mais do que a dos outros filhos dos homens. Assim borrifará muitas nações, e os reis fecharão as suas bocas por causa dele; porque aquilo que não lhes foi anunciado verão, e aquilo que eles não ouviram entenderão.

Isaías 52.13-15

8. A oitava herança profética do servo do Senhor.

Ele verá o fruto do trabalho da sua alma, e ficará satisfeito; COM O SEU CONHECIMENTO O MEU SERVO,

O JUSTO, JUSTIFICARÁ A MUITOS; porque as iniquidades deles levará sobre si. Por isso lhe darei a parte de muitos, e com os poderosos repartirá ele o despojo; porquanto derramou a sua alma na morte, e foi contado com os transgressores; mas ele levou sobre si o pecado de muitos, e intercedeu pelos transgressores.

Isaías 53.11,12

9. A nona herança profética do servo do Senhor.

Tu, oprimida, arrojada com a tormenta e desconsolada, eis que eu assentarei as tuas pedras com todo o ornamento, e te fundarei sobre as safiras. E farei os teus vitrais de rubis, e as tuas portas de carbúnculos, e todos os teus termos de pedras aprazíveis. E TODOS OS TEUS FILHOS SERÃO ENSINADOS DO SENHOR; E A PAZ DE TEUS FILHOS SERÁ ABUNDANTE. COM JUSTIÇA SERÁS ESTABELECIDA; ESTARÁS LONGE DA OPRESSÃO, porque já não temerás; e também do terror, porque não chegará a ti. Eis que seguramente poderão vir a juntar-se contra ti, mas não será por mim; quem se ajuntar contra ti cairá por causa de ti. Eis que eu criei o ferreiro, que assopra as brasas no fogo, e que produz a ferramenta para a sua obra; também criei o assolador, para destruir. TODA A FERRAMENTA PREPARADA CONTRA TI NÃO PROSPERARÁ, E TODA A LÍNGUA QUE SE LEVANTAR CONTRA TI EM JUÍZO TU A CONDENARÁS; ESTA É A HERANÇA DOS SERVOS DO SENHOR, E A SUA JUSTIÇA QUE DE MIM PROCEDE, DIZ O SENHOR.

Isaías 54.11-17

10. A décima herança profética do servo do Senhor.

E não fale o filho do estrangeiro, que se houver unido ao Senhor, dizendo: Certamente o Senhor me separará do seu povo; nem tampouco diga o eunuco: Eis que sou uma árvore seca. Porque assim diz o Senhor a respeito dos eunucos, que guardam os meus sábados, e escolhem aquilo em que eu me agrado, e abraçam a minha aliança: Também lhes darei na minha casa e dentro dos meus muros um lugar e um nome, melhor do que o de filhos e filhas; um nome eterno darei a cada um deles, que nunca se apagará. E AOS FILHOS DOS ESTRANGEIROS, QUE SE UNIREM AO SENHOR, PARA O SERVIREM, E PARA AMAREM O NOME DO SENHOR, E PARA SEREM SEUS SERVOS, TODOS OS QUE GUARDAREM O SÁBADO, NÃO O PROFANANDO, E OS QUE ABRAÇAREM A MINHA ALIANÇA, TAMBÉM OS LEVAREI AO MEU SANTO MONTE, E OS ALEGRAREI NA MINHA CASA DE ORAÇÃO; os seus holocaustos e os seus sacrifícios serão aceitos no meu altar; porque a minha casa será chamada casa de oração para todos os povos.

Isaías 56.3-7

11. A décima primeira herança profética do servo do Senhor.

ASSIM DIZ O SENHOR: COMO QUANDO SE ACHA MOSTO NUM CACHO DE UVAS, DIZEM: NÃO O DESPERDICES, POIS HÁ BÊNÇÃO NELE, ASSIM FAREI POR AMOR DE MEUS SERVOS, QUE NÃO OS DESTRUA A TODOS, E produzirei descendência a Jacó, e a Judá um herdeiro que possua os meus montes; e os meus eleitos herdarão a terra e os meus servos habitarão ali. E Sarom servirá de curral de rebanhos, e o vale de Acor lugar de repouso de gados, para o meu povo, que me buscou. Mas a vós, os que vos apartais do Senhor, os que vos esqueceis do meu santo monte, os que preparais uma mesa para a Fortuna, e que misturais a bebida para o Destino. Também vos destinareis à espada, e todos vos encurvareis à matança; porquanto chamei, e não respondestes; falei, e não ouvistes; mas fizestes o que era mau aos meus olhos, e escolhestes aquilo em que não tinha prazer. PORTANTO ASSIM DIZ O SENHOR DEUS: EIS QUE OS MEUS SERVOS COMERÃO, MAS VÓS PADECEREIS FOME; EIS QUE OS MEUS SERVOS BEBERÃO, PORÉM VÓS TEREIS SEDE; EIS QUE OS MEUS SERVOS SE

ALEGRARÃO, MAS VÓS VOS ENVERGONHAREIS; EIS QUE OS MEUS SERVOS EXULTARÃO PELA ALEGRIA DE CORAÇÃO, MAS VÓS GRITAREIS PELA TRISTEZA DE CORAÇÃO; E UIVAREIS PELO QUEBRANTAMENTO DE ESPÍRITO.

E DEIXAREIS O VOSSO NOME AOS MEUS ELEITOS POR MALDIÇÃO; E O SENHOR DEUS VOS MATARÁ; E A SEUS SERVOS CHAMARÁ POR OUTRO NOME.

Isaías 65.8-15

12. A duodécima herança profética dos servos do Senhor.

Regozijai-vos com Jerusalém, e alegrai-vos por ela, vós todos os que a amais; enchei-vos por ela de alegria, todos os que por ela pranteastes;

PARA QUE MAMEIS, E VOS FARTEIS DOS PEITOS DAS SUAS CONSOLAÇÕES; PARA QUE SUGUEIS, E VOS DELEITEIS COM A ABUNDÂNCIA DA SUA GLÓRIA. PORQUE ASSIM DIZ O SENHOR: EIS QUE ESTENDEREI SOBRE ELA A PAZ COMO UM RIO, E A GLÓRIA DOS GENTIOS COMO UM RIBEIRO QUE TRANSBORDA; ENTÃO MAMAREIS, AO COLO VOS TRARÃO, E SOBRE OS JOELHOS VOS AFAGARÃO. Como alguém a quem consola sua mãe, assim eu vos consolarei; e em Jerusalém vós sereis consolados. E vós vereis e alegrar-se-á o vosso coração, e os vossos ossos reverdecerão como a erva tenra; ENTÃO A MÃO DO SENHOR SERÁ NOTÓRIA AOS SEUS SERVOS, e ele se indignará contra os seus inimigos.

Isaías 66.10-14

Que você sempre seja um SERVO do Senhor!

...esta é a HERANÇA dos servos do Senhor...

Isaías 54.17

FIM

Conheça Mais Sobre Dag Heward-Mills:
www.daghewardmills.org
ou escreva para:

No Brasil
Igreja do Primeiro Amor
Rua Domingos de Morais, 1873
Vila Mariana
CEP 04009-003
São Paulo, SP, Brasil

Em Moçambique
Igreja do Primeiro Amor
Avenida das FPLM, 286
Junto a Gare de Mercadorias dos CFM
Maputo, Moçambique
Caixa Postal 4.177

Para outras partes do mundo, visite:
www.daghewardmills.org/worldwideministryoffices
para localizar o endereço do DHMMO (Dag Heward-Mills Ministry Office – Escritório do Ministério de Dag Heward-Mills)
mais próximo de você.

E-mail
bispo@daghewardmills.org.br
evangelista@daghewardmills.org.br

Made in the USA
Monee, IL
04 November 2026

67381306R00046